中国視点で見る逆さ地図
太平洋
N
南西諸島
中国が主張する大陸棚の
権利がおよぶ境界線
奄美大島
沖縄
日本
日本海
竹島
石垣島
西表島
尖閣諸島
与那国島
バシー海峡
フィリピン
韓国
東シナ海
台湾
東沙諸島
南沙諸島
北朝鮮
黄海
南シナ海
中国
西沙諸島
渤海
海を塞ぐ日本列島と
南西諸島が邪魔!!
ベトナム
カンボジア
ラオス
タイ
ロシア
モンゴル
ミャンマー

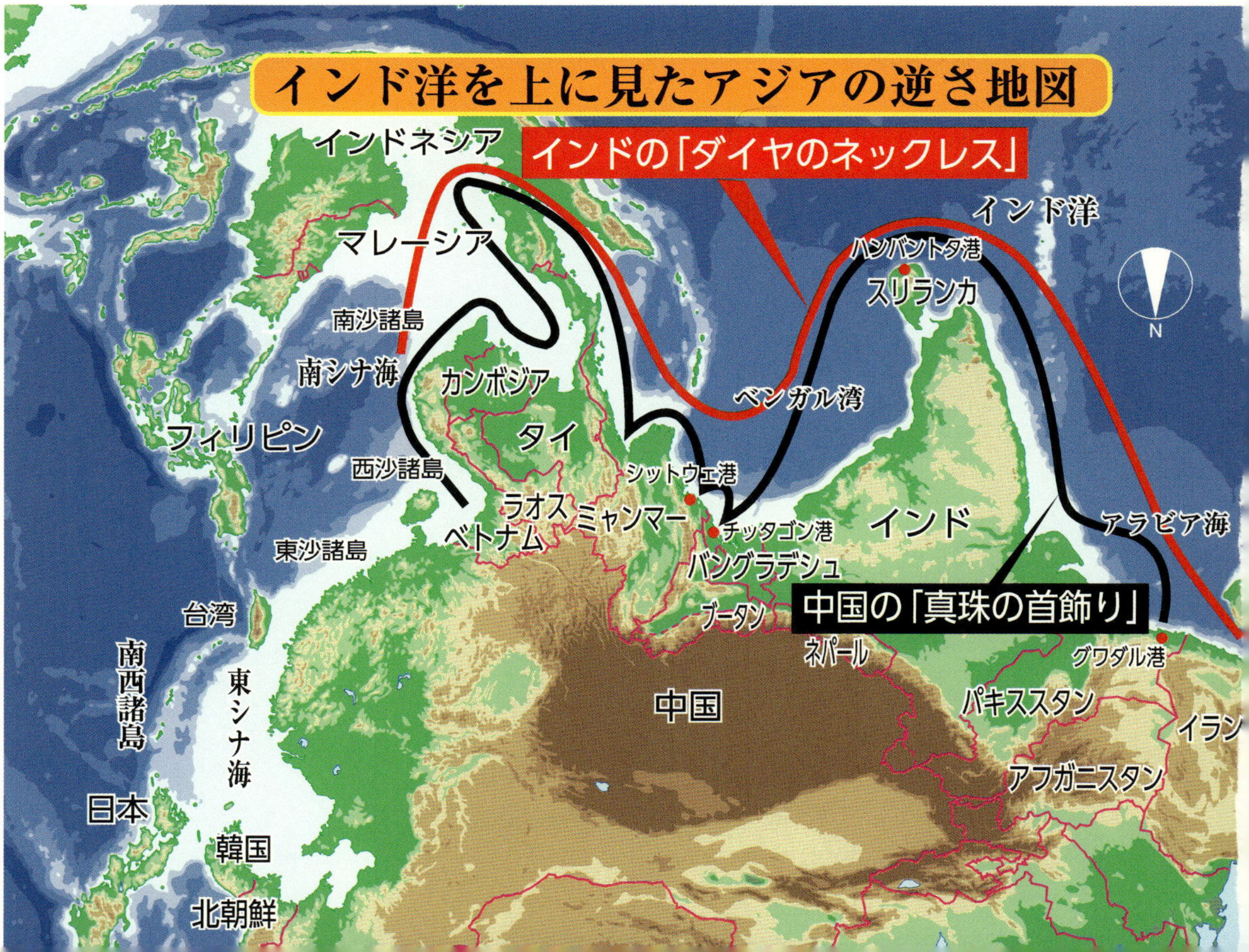
インド洋を上に見たアジアの逆さ地図
インドネシア
インドの「ダイヤのネックレス」
インド洋
マレーシア
ハンバントタ港
スリランカ
N
南沙諸島
南シナ海
カンボジア
ベンガル湾
タイ
フィリピン
西沙諸島
シットウェ港
ラオス
ミャンマー
チッタゴン港
インド
アラビア海
ベトナム
東沙諸島
バングラデシュ
台湾
ブータン
中国の「真珠の首飾り」
ネパール
グワダル港
南西諸島
東シナ海
中国
パキスタン
イラン
アフガニスタン
日本
韓国
北朝鮮

世界を逆さ地図で俯瞰する

いま、世界で起きている領土問題や民族・宗教問題、資源問題などが、地図の見方を変えるだけで、その本質が見えてくる

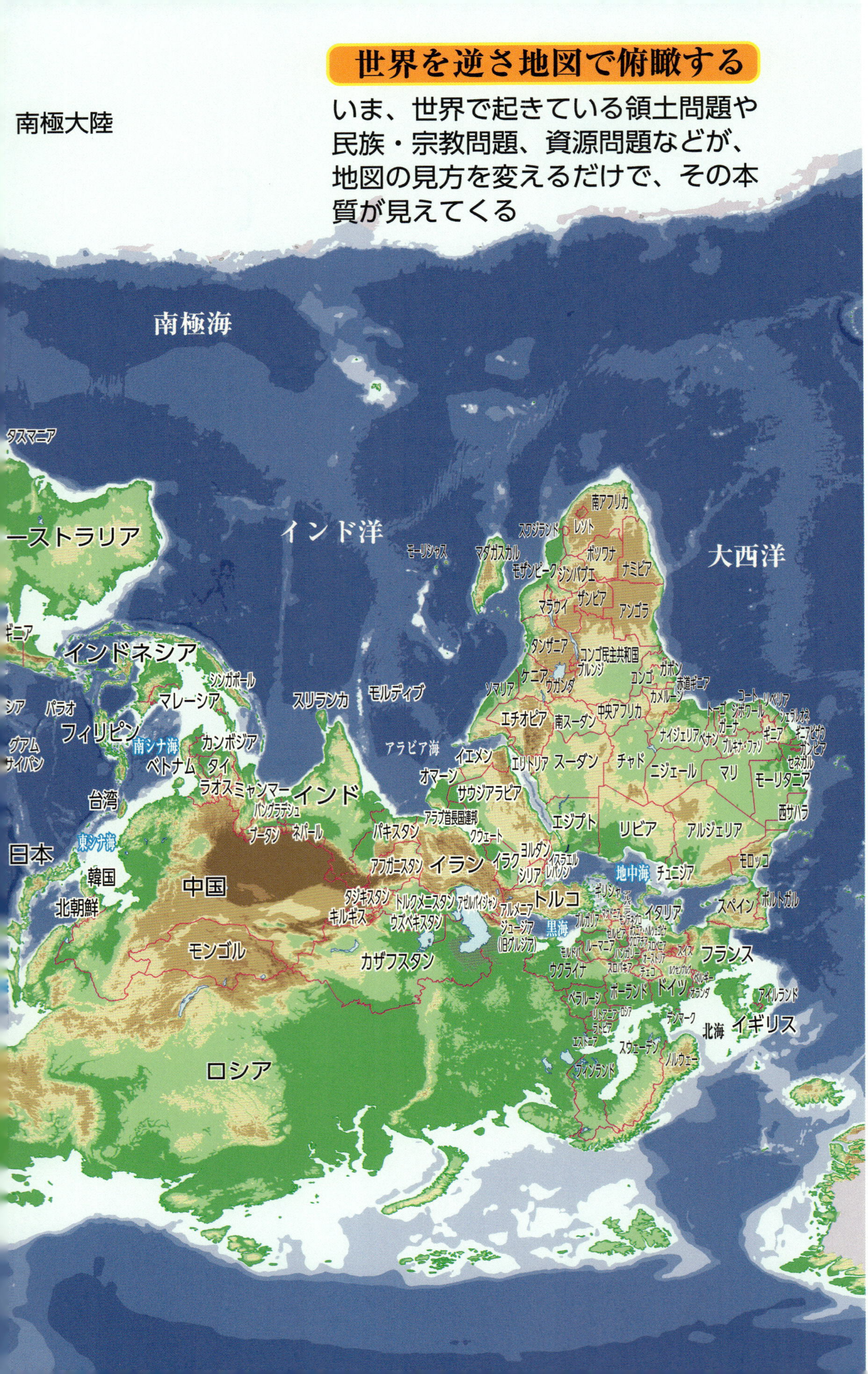
南極大陸
南極海
タスマニア
ーストラリア
インド洋
大西洋
モーリシャス
マダガスカル
スワジランド
レソト
南アフリカ
ボツワナ
ナミビア
モザンビーク
ジンバブエ
マラウイ
ザンビア
アンゴラ
タンザニア
コンゴ民主共和国
ブルンジ
ケニア
ウガンダ
コンゴ
ガボン
赤道ギニア
カメルーン
ソマリア
エチオピア
南スーダン
中央アフリカ
ナイジェリア
ベナン
トーゴ
ガーナ
コートジボワール
リベリア
シエラレオネ
ギニア
ギニアビサウ
ガンビア
セネガル
ブルキナ・ファソ
エリトリア
スーダン
チャド
ニジェール
マリ
モーリタニア
西サハラ
エジプト
リビア
アルジェリア
モロッコ
チュニジア
地中海
ギニア
インドネシア
シンガポール
マレーシア
パラオ
フィリピン
グアム
サイパン
南シナ海
カンボジア
ベトナム
タイ
ラオス
ミャンマー
スリランカ
モルディブ
アラビア海
イエメン
オマーン
サウジアラビア
アラブ首長国連邦
クウェート
インド
バングラデシュ
ブータン
ネパール
パキスタン
アフガニスタン
イラン
イラク
ヨルダン
イスラエル
シリア
レバノン
台湾
東シナ海
日本
韓国
北朝鮮
中国
タジキスタン
キルギス
トルクメニスタン
アゼルバイジャン
ウズベキスタン
アルメニア
ジョージア
(旧グルジア)
トルコ
黒海
ギリシャ
ブルガリア
イタリア
スペイン
ポルトガル
モンゴル
カザフスタン
ルーマニア
モルドバ
ウクライナ
ハンガリー
スロバキア
チェコ
オーストリア
スイス
フランス
ベラルーシ
ポーランド
ドイツ
オランダ
ベルギー
アイルランド
リトアニア
ラトビア
エストニア
デンマーク
北海
イギリス
スウェーデン
ノルウェー
フィンランド
ロシア

N
フォークランド諸島
アルゼンチン
チリ
ウルグアイ
パラグアイ
ボリビア
ペルー
ブラジル
エクアドル
ガラパゴス諸島
コロンビア
スリナム
ギアナ
ガイアナ
ベネズエラ
パナマ
コスタリカ
ニカラグア
エルサルバドル
ホンジュラス
グアテマラ
ベリーズ
西インド諸島
大西洋
ドミニカ
キューバ
メキシコ
バハマ
アメリカ
カナダ
アラスカ
ニュージーランド
ニューカレドニア
タヒチ
トンガ諸島
フィジー
サモア諸島
ツバル
ソロモン諸島
太平洋
マーシャル諸島
ハワイ
アリューシャン列島
ベーリング海
北極海

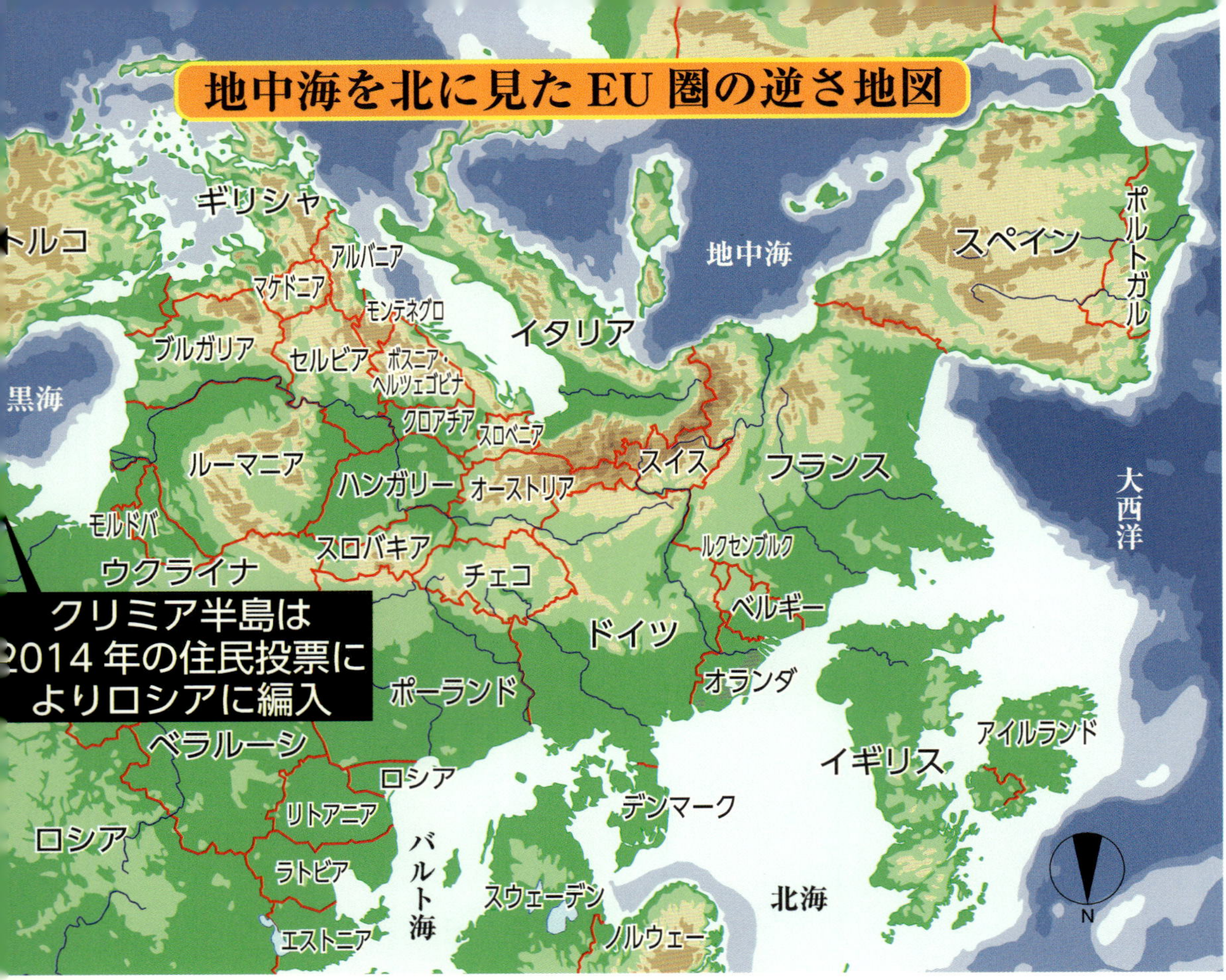

地中海を北に見たEU圏の逆さ地図
ギリシャ
トルコ
アルバニア
マケドニア
モンテネグロ
ブルガリア
セルビア
ボスニア・ヘルツェゴビナ
黒海
クロアチア
スロベニア
イタリア
地中海
スペイン
ポルトガル
ルーマニア
ハンガリー
オーストリア
スイス
フランス
大西洋
モルドバ
ウクライナ
スロバキア
チェコ
ルクセンブルク
ベルギー
ドイツ
クリミア半島は2014年の住民投票によりロシアに編入
ポーランド
オランダ
ベラルーシ
ロシア
アイルランド
イギリス
リトアニア
デンマーク
ロシア
ラトビア
バルト海
スウェーデン
北海
エストニア
ノルウェー
N

不自然な国境線が目立つ中東の逆さ地図
N
エリトリア
イエメン
スーダン
オマーン
紅海
アラビア海
アラブ首長国連邦
サウジアラビア
ペルシャ湾
インド
パキスタン
クウェート
エジプト
イラン
イラク
ヨルダン
イスラエル
アフガニスタン
シリア
レバノン
地中海
イスラム国(IS)の勢力範囲
トルクメニスタン
トルコ
アゼルバイジャン
アルメニア
中国
ジョージア(旧グルジア)
ギリシャ
キルギス
ウズベキスタン
カザフスタン
カスピ海
黒海
ロシア
ブルガリア

「逆さ地図」で読み解く
世界情勢の本質

【大活字版】

松本利秋

はじめに——地図を多方向から見れば、世界各国の思惑が見えてくる

日本を中心にした地図を見ると、四方を囲む広大な海から、豊かな恵みを受けている日本の姿が見えてくるだろう。

ところが、中国を中心にした地図で、南北を逆さまに見れば、中国は日本列島とそれに繋がる島々にグルッと取り囲まれている姿が見えてくる。中国は長い間、北方からの異民族の侵略に関心を向けていたから、この事実にはあまり重きを置いてこなかった。

中国が二十一世紀に経済成長期を迎えると、広大な国土の一三億人以上の国民の生活を賄うために、海を意識しなければならなくなった。製品を輸出したり、原材料やエネルギーを輸入するには、自由に動ける海の道を確保しなければならないからだ。

そう考えれば、中国大陸を取り囲む日本列島の存在が疎《うと》ましく見え、何とか出口をと探すと、絶海に浮かぶ小さな尖閣《せんかく》諸島が目に入ってくる。ここを自由にできれば軛《くびき》から解かれ、船を縦横無尽に動かすことができるという発想が、現在の尖閣諸島を巡る日本と中国の軋轢《あつれき》の原点だ。

ロシアは、ヨーロッパから極東まで他国の領土を通らずに移動できる広大な国土を持っている。しかし海への出口を見ると、北極海沿岸は年中氷に覆われ、バルト海はスカンジナビア半島とヨーロッパ大陸との隘路《あいろ》を通らねばならない。黒海からボスポラス海峡を抜けて地中海に出ても、地中海はジブラルタル海峡で塞《ふさ》がれる内海だ。

ロシアが二十世紀初頭に朝鮮半島に南下したのは、大海原に繋がる不凍港が欲しいという悲願からである。これが日本の安全保障に重大な脅威となり、日露戦争の原因になった。

ヨーロッパの地図を見ると、ヨーロッパ大陸の西の端はピレネー山脈が大きな壁になっているが、東には草原が開け、肥沃なウクライナの穀倉地帯へと広がっている。フランス革命後にヨーロッパを征服したナポレオンや、第二次世界大戦でヨーロッパを席巻したナチスドイツのヒトラーも、大軍を投入してロシアに攻め込んだ。だがロシアの厳しい「冬将軍」に阻まれて敗れ、滅亡への道をたどったのである。

日本が石油等のエネルギーを頼る中東の地図を見ると国境線は直線が多く、一目で人工的に引いたものとわかる。これは第一次世界大戦後、西欧列強諸国の都合で引いた国境線だ。この地に古くから暮らすアラブ人やイスラム教徒たちの歴史や文化は一顧だにされていない。このことが現在世界を震撼させている過激なテロリストを生む原因ともなっているのだ。

地図そのものは平面に線を引いてあるだけのものだが、このように歴史やパワー・バランス、民族や宗教、文化等の情報を入れて見ていくと違った世界が見えてくる。これらの情報に気候や食生活など、人間世界のさまざまな情報を組み込んで、地理的な状況が政治にどのような影響を与えているかを見ていく学問が地政学だ。

地図にさまざまな情報を組み込んで世界を俯瞰《ふかん》的に見ることで、互いの位置を正確に見極め、互いの関係を知ろうとするところに、この学問の基本的な考えがある。その上で、自国の国益をどのように守り、有利に導くかという国際関係論の考え方にいたるのだ。

本書は、地図をこれまでとは違った角度から見て、基本的な地政学の考え方に基づいて、現在のさまざまな国際情勢を見ていこうとするものだ。その一つの方法として地図を逆にすると見えてくる世界を理解しようとする試みである。

「逆さ地図」で読み解く
世界情勢の本質

目次

第二章　海を塞ぐ日本列島は中国経済発展の障害か

第三章　アラブの春から始まった新しい対立軸

第四章 歴史を通じて深く繋がる日本とアジア

序章

本当の世界を知るには地図を逆さにして見る

陣形運動で行動する海上自衛隊の護衛艦群

世界の問題を俯瞰するために利用されてきた地図と「地政学」

人類の旅と地図

人間は昔からさまざまな社会的理由によって、住む場所を移動したり、旅をしたりする動物であった。

七〇〇万年の昔、アフリカに誕生した人類が、ホモサピエンスに進化し、一〇万年前にはアフリカのリフト・バレーからユーラシア大陸を通って、アメリカ大陸にまで拡散していった約五万三〇〇〇キロの行程を、イギリス人の考古学者ブライアン・M・フェイガン(Brian M. Fagan)は「グレートジャーニー(The Great Journey)」と名付けた。人類が現在、南極大陸を除いた全大陸に住んでいるのも、このような祖先の旅があったからだ。

人類がアフリカを出て地球規模の大旅行をするのは、当時のアフリカ大陸で気候の大変動があり、十分な食料を確保できなくなったのが大きな原因だとされている。

後世になっても、ある者はより住みよい環境を求めて、またある者はより多くの富の機会を求めて、移民になったり、引っ越しをしたりで旅をする。また、ある者は自身の仕事の疲れを癒やすために旅行をする。そうした場合、何よりも地図は欠かせない必需品である。

このように考えると、人類が地図を描き始めた時期は古く、おそらくは有史以前にまで遡《さかのぼ》らなくてはならないだろう。それだけ人類と地図との関係は長くて深く、地図は人類が生き永らえるのに必要な情報源だったのだ。

地理学と地政学の成り立ち

いわゆる近代科学としてのさまざまな概念や、データが整備された科学としての地理学が出来上がり、一般に知られるようになったのはだいたい一〇〇年ぐらい前の時代で、国

人類の旅――グレートジャーニー

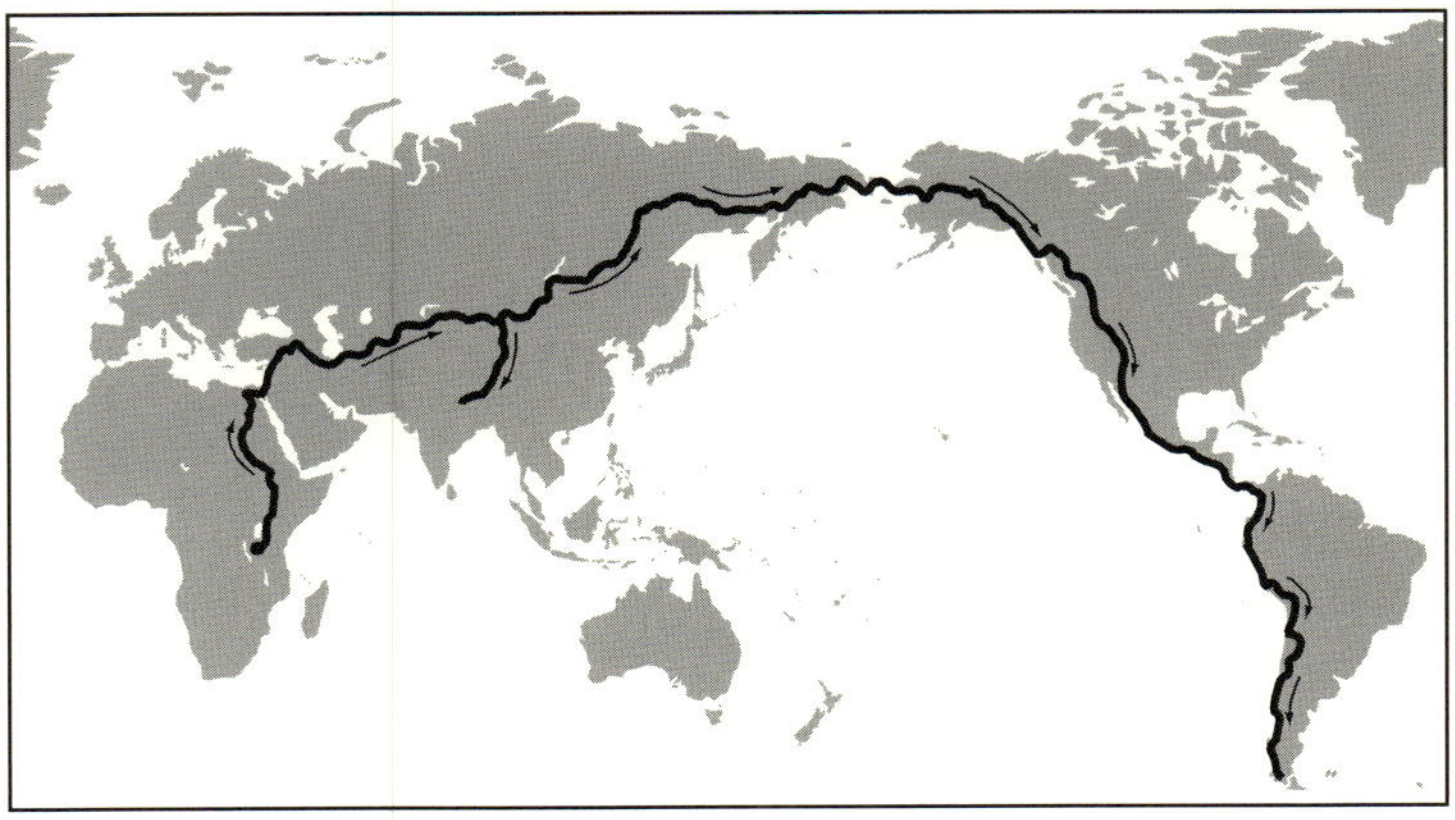

際関係論が成立するのとほぼ同じ時期だ。そして地図が整備されるにつれて国際関係論も完成度が増してきたのである。

当時は、今で言う冒険家や探検家などにも地理学者が多かった。というよりも、地理学者は必然的に冒険家や探検家のようであった。何しろ、地理学というのは実際の現場がどのようになっているのかを調べることから始まるから、まず現地に行って調査をすることが大切なのだ。従って地理学者の仕事が前人未到の未知の土地への冒険や探検となったのも当然のことだ。

そして十九世紀頃からヨーロッパの、特にドイツやイギリスの大学で地理学が、ようやく正規の講義科目として認定され始めた。これらの国々では十五世紀の大航海時代（十五世紀半ばから十七世紀半ばまで続いた、ヨーロッパ人によるインド・アジア大陸・アメリカ大陸などへの植民地主義的な海外進出をいう。主に西南ヨーロッパ人によって開始された）から、十九世紀から二十世紀にかけての帝国主義（領土や天然資源などの獲得のために、軍事力を背景に他の民族や国家を侵略し、さらにそれを推し進めようとする思想や政策）時代にかけて、国家的規模で収集された世界の諸地域に関する地理的な知識が整理され、これを地理学として体系化する動きが活発になってきたからだ。

先に挙げたイギリスとドイツでは、十九世紀から二十世紀にかけて相互の利害関係が交錯し植民地獲得競争が激しかった。それに加えて、当時の新興国アメリカが南北アメリカ大陸やカリブ海の覇権を求めてヨーロッパ各国と対立。互いに自国の利益を確保する戦略を立てるために、地理的な条件が国家に与える政治的、軍事的影響をグローバルな視点で見ていく学問が出来上がってきた。それが地政学と呼ばれるものである。

国家と国家は、いくら対立しているとしても、互いに引っ越すことはできず、地理的な条件は変えることができない。しかし、地理的な条件に政治と軍事の発想を加えると見方が大きく変わる。

例えば中国は、地理的な条件からすると大陸国であり、ヨーロッパまで地続きで行くことができる。しかし目を海に向けてみると中国大陸は日本列島と台湾、フィリピンなどの島国に囲まれており、それらの諸国と政治的・軍事的に敵対していると見れば、海洋に進出していくのを阻んでいる大きな壁に見えてくるのだ。

従って中国が地図を逆さまに見るようになれば、自国の本当の姿がよく見えるようになり、何とかしてそれを突破しようとする戦略を立てるし、周辺国はその動きに対抗しようと躍起になってしまうのだ。

大陸国家と海洋国家で分かれる地図の見方

シーパワー国家の日本

普段、われわれ日本人が見る世界地図では、竜のような形をした日本列島がド真ん中に位置し、地図によっては日本全土が赤く塗られて、ことさら日本の存在が強調されているものもある。そして上が北、下が南、左が西、右が東と小学校の社会科で教わってきた。

日本列島の右側には広大な太平洋が広がり、その果てには大きなアメリカ大陸がある。目を下にやれば九州から島々が連なって沖縄、台湾へと続き、バシー海峡を経てフィリピン、ベトナムに繋がっている。

伊豆半島から下に行くと、まず伊豆七島、さらに下れば小笠原諸島、そしてマリアナ諸島のサイパン島、グアム島、ミクロネシアのパラオ島、さらにはニューギニア島へと島々が繋がっている。日本列島の上には北方領土の国後《くなしり》、択捉《えとろふ》から千島列島が繋がり、ロシアのカムチャツカ半島にまで達しているのがわかる。

地図をこのように見ると、日本は海洋を通じて世界と繋がっており、海洋貿易が日本を支える大きな要素であり、マグロ、カツオ、サケ、その他の豊富な魚介類が捕れるという、実に豊かな海に囲まれていることが実感できる。そして日本近海の海底には、メタンハイドレードやレア・アース、天然ガスや石油までも存在する。日本が海の資源に恵まれた海洋国家であることは地図を見ればしみじみとわかってくるだろう。

日本列島の周辺

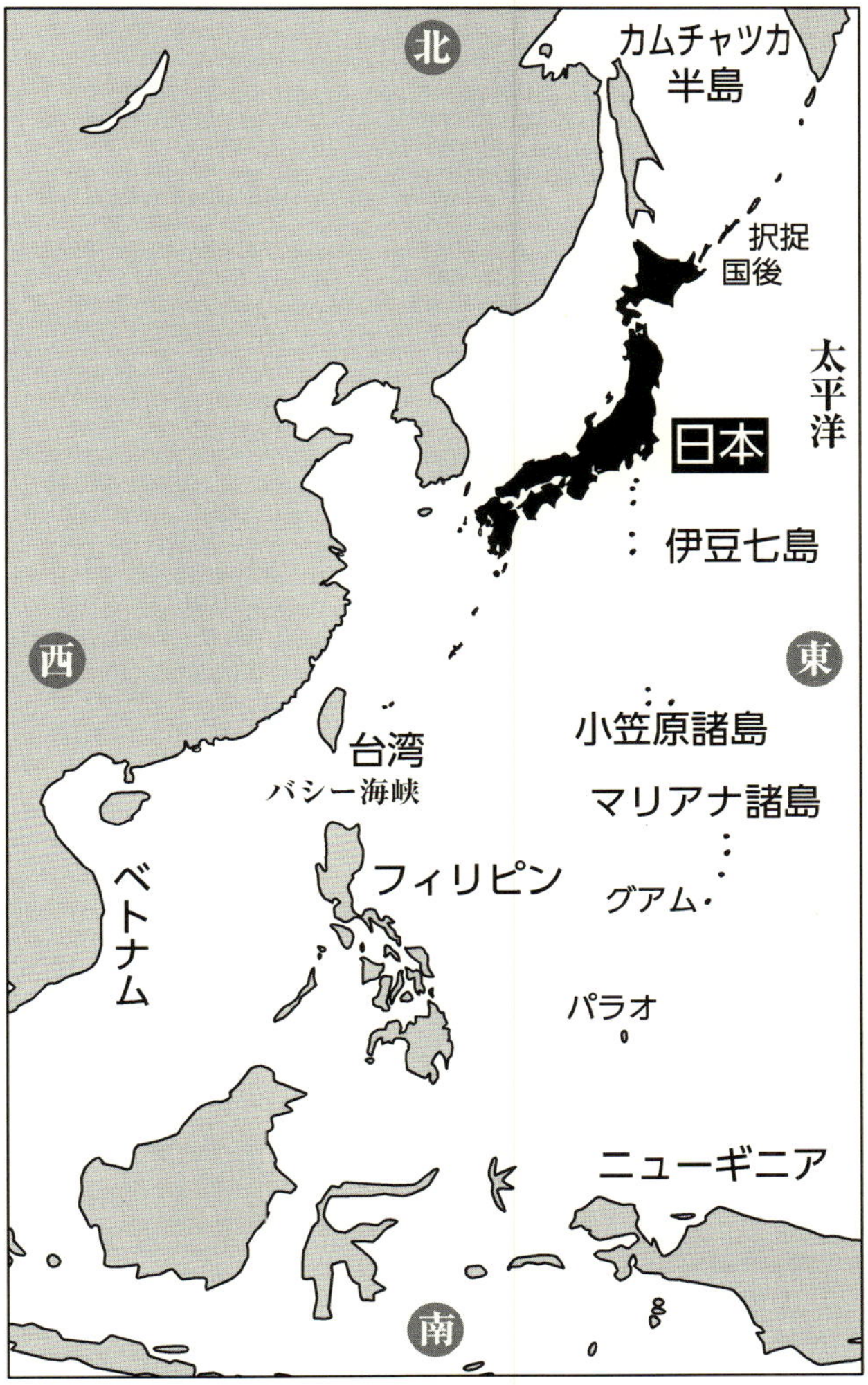

日本人独特の感性や日本の文化は、海という要素をふんだんに含んだものであり、古来からの海上交易は日本人の原型を育んできたものである。だから、われわれ日本人は自然と海洋国家的な世界地図の見方をしていることになる。

日米安保条約のような軍事条約をアメリカと結んでおけば、いざという時には無人の海洋を突っ切って米軍が助けてくれるから、安全保障の面からも日本は海の恵みを受けていると考えるのは自然なことだろう。

地政学的な見地から大雑把に言えば、日本は紛れもなく「海洋国家＝シーパワー」ということになる。

ランドパワー国家の中国とロシア

地図を逆さまにして、中国を中心に置いてみればどうなるだろうか？　日本列島は中国の沿岸をグルッと取り囲む存在に見えるはずだ。中国の西の端はヒマラヤ山脈を挟んでインドと国境を接し、ここから北に向かってパキスタン、アフガニスタン、タジキスタン、キルギス、カザフスタンがあり、さらに東に向かってはロシア、モンゴルとの間に国境線が走っている。

この逆さ地図から見えてくることは、中国では秦《しん》の始皇帝《しこうてい》が漢民族の国家を建国して以来、北方の騎馬民族の侵入をいかに防ぐかが民族存亡の要であったことだ。

「天高く馬肥ゆる秋」という、日本人にもよく知られた故事があるが、この意味は「秋になれば草をたっぷり食べて肥え太った馬に乗って、北方の騎馬民族が攻め込んで来るから警戒を厳重にしろ」という警告の意味である。中国の歴史は大陸内部の土地争奪戦が主要な要素であり、三国志《さんごくし》をはじめ中国の歴史記述には海のことがほとんど出てこない。

中国は歴史的に北方との戦いに関心を集中させており、海への関心はほとんどなかったと言っていいだろう。このように大陸内部でのせめぎ合いを繰り返している国を地政学では「大陸国家＝ランドパワー」と呼んでいる。

地図を見れば、もう一つの大陸国家があることは一目瞭然で、中国より広大な国土を持つロシアだ。ロシアは首都のあるモスクワ、西方にある古都サンクトペテルブルク等のヨーロッパ・ロシアと呼ばれる地域から、極東のウラジオストク、北海道のすぐそばにあるサハリン島、さらにはベーリング海を挟んでアメリカのアラスカ州と国境を接している。

実は北米大陸にあるアラスカは、かつてはロシア領であった。ロシア政府はクリミア半島を巡る戦争で経済的に疲弊し、一八六七年にアラスカを七二〇万ドルでアメリカ政府に

ランドパワー国家中国とロシアの周辺

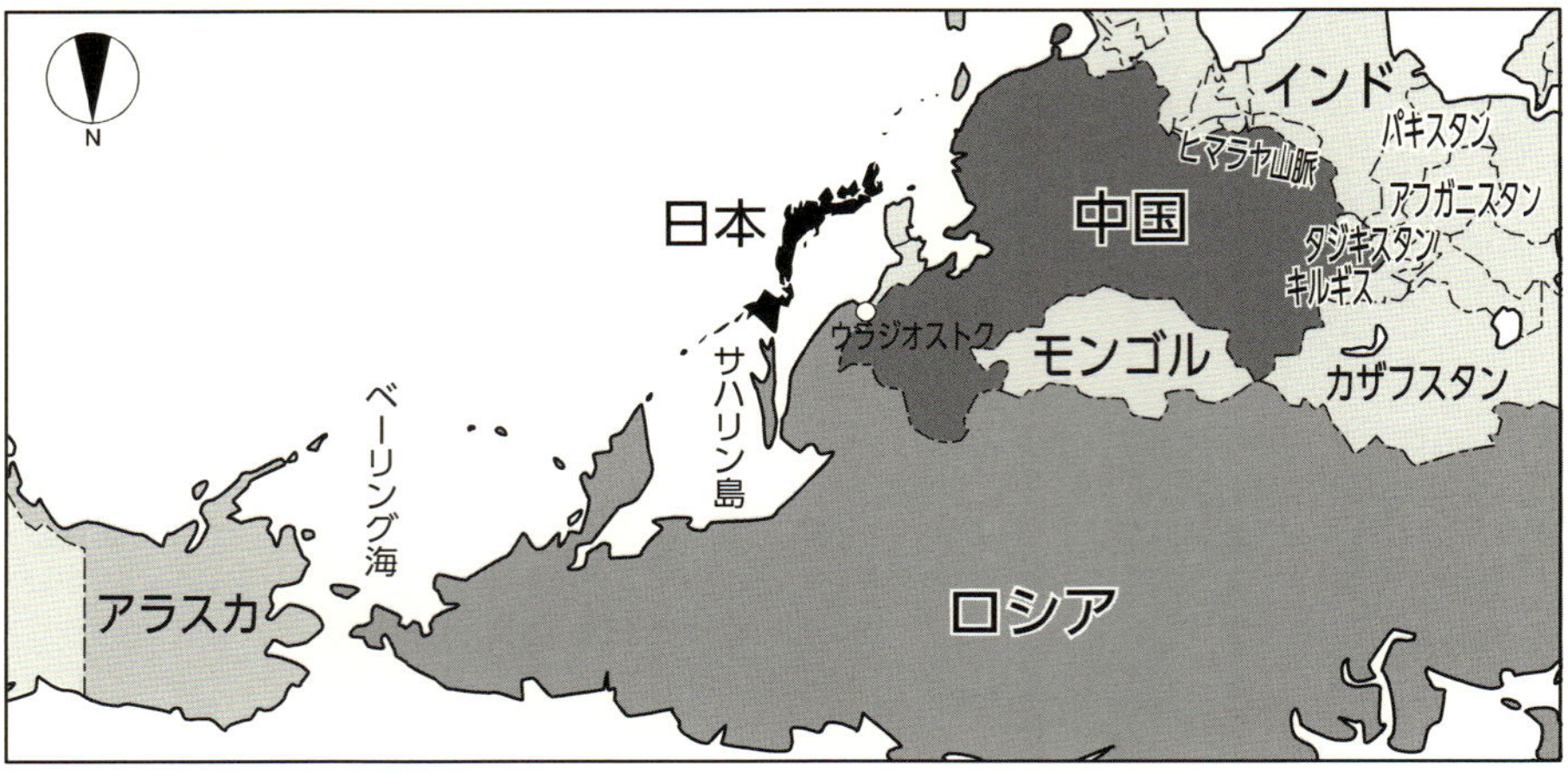

売却してしまったのである。

アラスカは日本の四倍の面積があり、単純計算では一平方キロメートル当たり、たったの五ドルということになる。それでも、当時のアメリカ政府は国民から「巨大な冷蔵庫を買ったに過ぎない」とし、税金の無駄遣いだと非難された。

だが、その後アラスカに金鉱が発見され、ロシアがソ連になった後にアメリカと厳しく対立する冷戦時代になると、ベーリング海峡や北極を挟んで国境を接していることから、軍事的な重要性が増し、アメリカにとっては極めて有利な買い物となったのである。

この例から、地続きであれば、じりじりと領土を拡大できるが、海を渡ると状況判断を誤るという、大陸国家の限界が見えてくるのだ。

歴史で見た大陸国家の限界、邪魔になった日本列島

中国の支配者の関心は北方に向いていた

大陸国家である中国も、海を渡って進出を試みたが目的を果たせなかった歴史がある。それは日本を「黄金の国ジパング」としてヨーロッパに紹介したイタリア人、マルコ・ポーロの大冒険の顛末に象徴されている。

マルコ・ポーロは一二七一年にイタリアを出発し、当時、ローマと中国を結ぶ陸路のシルクロードを通って北京に到着したことはよく知られている。では帰りも陸路だったかというとそうではない。帰りは海路を通ってベネチアに帰ったのである。

彼は一二九二年に、ペルシャに嫁ぐダッタンの王女のエスコート役として杭州《こうしゅう》を出発し、マラッカ、インド洋を通ってペルシャのホルムズに上陸。そこから陸路で本国に帰国して

いる。当時は杭州出発から帰国までに三年という期間を要した。
マルコ・ポーロは北京で元《げん》の皇帝フビライに謁見《えっけん》している。蒙古民族の元は、陸路を馬で駆け抜けて中国に攻め入り、ヨーロッパを席巻した一大ランドパワーの帝国である。

蒙古の侵攻によって、中国で権勢を誇っていた宋《そう》は南部に追いやられた。杭州を中心とした南宋は、ペルシャを含むアラビア商人たちとともに、盛んに海洋交易を行なっていたシーパワー国家であった。

元は一二七四年には、朝鮮の高麗《こうらい》軍に先導させて日本の北九州に押し寄せた「文永《ぶんえい》の役《えき》」が失敗に終わり、その後の一二七九年には南宋を滅ぼし、造船技術や外洋航海技術を習得した。このことが一二八一年に、再度日本に遠征をする「弘安《こうあん》の役」に繋がってくる。元は二度にわたる日本侵攻作戦に失敗した後、先祖がえりをして外洋に出て行くことはなかったのである。

そして明《みん》朝時代には雲南《うんなん》出身のイスラム教徒の鄭和《ていわ》が指揮する船団が、八度にわたって外洋に出て行き、アフリカのケニアにまで航海したほどのシーパワー国家となった。だがその後、満州出身の清《しん》王朝となり、外モンゴル、チベットを征服する大ランドパワーへと変化した。

こうして中国の歴史を見てみると、失敗した日本遠征を除いて、中国の支配者の関心は主に北方に向いていて、南方である海にはあまり興味がなく、その状態が十九世紀の半ばまで続いたのである。従って、長い間地図を逆に見て日本列島が邪魔になっているという感覚はほとんどなかったと言えるのだ。

本格的に海洋に進出しだした中国

こうした中国が、劇的に変化するのが、一八四〇年から二年間続いた「アヘン戦争」からだ。産業革命の成功によって強大な力を持つようになったイギリスは、アジア各地のほとんどを植民地にしてしまい、広大な消費地の中国大陸に目をつけ、侵略しようとした。

その手始めに、植民地とするインドで採れた麻薬のアヘンを、清国に売りつけようとした。だが清国はそれを断固拒否したため、イギリスは戦争に持ち込んで勝利した。その結果、清国はイギリスに香港《ホンコン》島とその対岸にある九龍《クーロン》半島を割譲させられたのである。このことが中国人の心の中に屈辱の歴史として刻み込まれ、海洋から攻め込んで来る勢力に敵《てき》愾心《がいしん》を持つようになった。

その後に日本と、朝鮮半島の覇権を巡って一八九四年から一八九五年にかけて起こった

中国が引いた「第一列島線」「第二列島線」

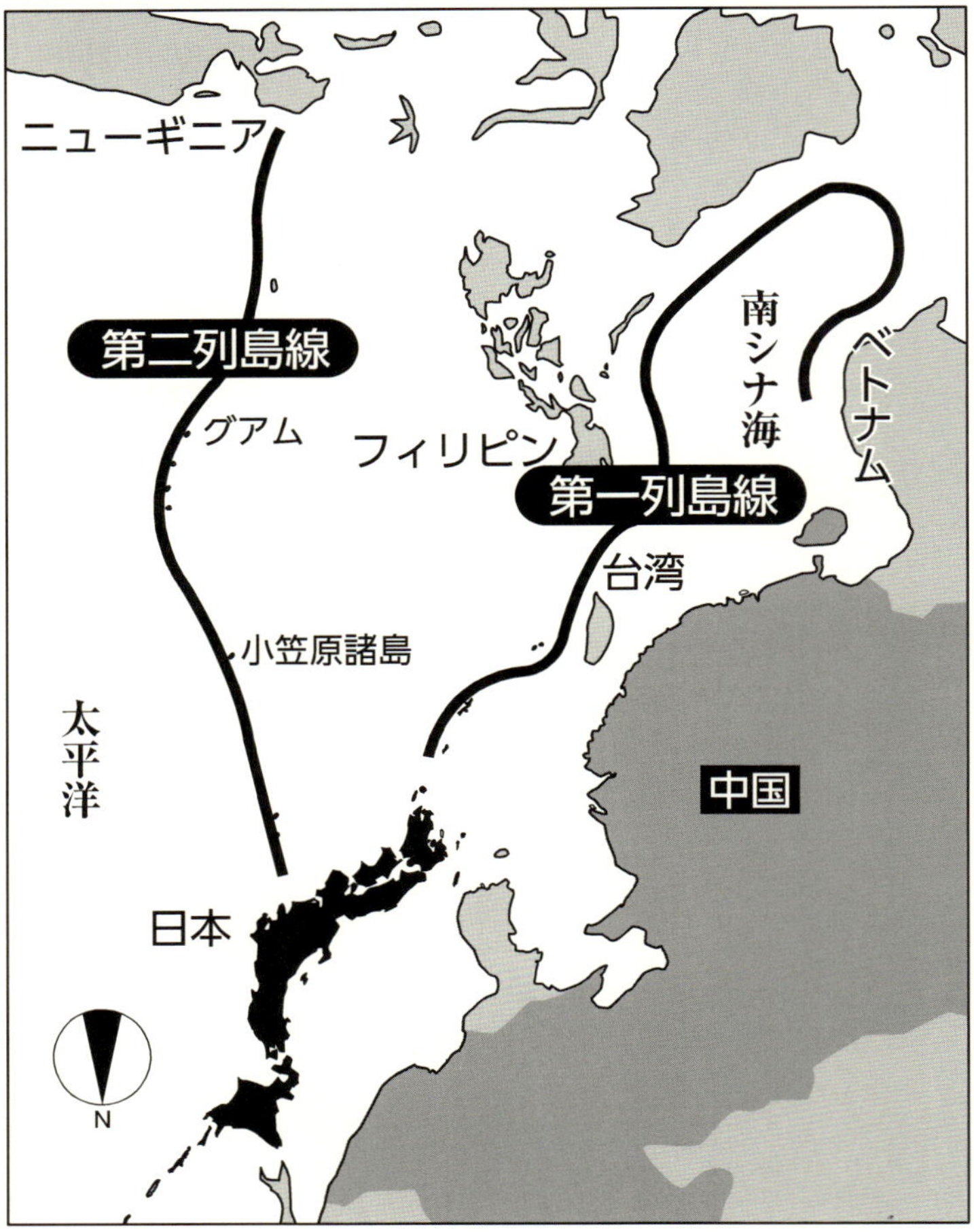

「日清戦争」にも敗れ、台湾を日本に割譲した。中国側の主張に立てば、尖閣諸島もこの時に日本に奪われたものであるとし、第二次世界大戦で敗戦国となった日本は、尖閣諸島が中国領であることを認め中国に返還すべきだということになる。このように中国が海洋に目を向け始めたのが十九世紀後半であり、本格的に進出を決めたのが一九四九年の中華人民共和国が成立してから以後のことだ。

中国が改革開放経済政策を採って経済力がついてくると、積極的な海洋進出を試みるようになった。地図を逆に見ると、日本列島をはじめ沖縄、台湾、フィリピン、ベトナムにいたる諸島群が中国にとって実に邪魔な存在なのだ。

中国は一九八〇年代から、これを何とか突破したいという思いを具体化させた。中国人民解放軍（中国軍は国家の軍ではなく、正式には中国共産党の軍事部門で、この名称である）の海軍は、地図の上に日本列島から台湾、フィリピン、南シナ海にいたる線を引き「第一列島線」としたのである。さらには日本の本州から小笠原諸島、グアム、ニューギニアを結んだ線を「第二列島線」とした。中国海軍はこの二つの線の内側を勢力圏内とし、海洋からの外国勢力を入れないようにする戦略を採ると決めたのだ。

一九九二年に、中国が制定した国内法「領海法」では、一方的に尖閣諸島、スプラトリー諸島（南沙《なんさ》諸島）とパラセル諸島（西沙《せいさ》諸島）の領有権を主張するだけでなく、東シナ海において大陸棚の自然延長を理由に沖縄近海の海域までの管轄権を主張している。

日本人の常識では、尖閣諸島を巡る問題は二〇一二年九月に、日本政府が尖閣諸島を国有化してからにわかに始まったように見えているだろうが、実は中国の長い歴史の中で地図を逆に見るようになってからのことなのだ。現在の中国にとって、日本列島が邪魔な存在であるとしても、国家はお互いに引っ越すことはできないのだから、問題は複雑極まりないところまできていると言えよう。

地図を逆さに見ることは地政学的発想が基本

ハートランドを包囲するリムランド

地図を逆さまに見てみようとする発想は、一〇〇年ほど前に出来上がった「地政学」という学問が基本となっている。

当時の西欧列強は、植民地争奪戦に勝利し、国益を守っていくことを主な目的としていた。だから地理的な条件が国家に対して、どのように政治的・軍事的影響を与えているのかを、地球的規模から見ようとしたものである。

それを知れば、対象とする国に、さまざまな角度からアプローチし、国益を貫徹できると考えたところが発想の基本となっている。この基礎をなしているのが地図だ。地政学とは地図を基本にして、その地域特有の文化や、民族の歴史、その歴史からくる民族の基本

ハートランド、リムランド、ヒンターランド

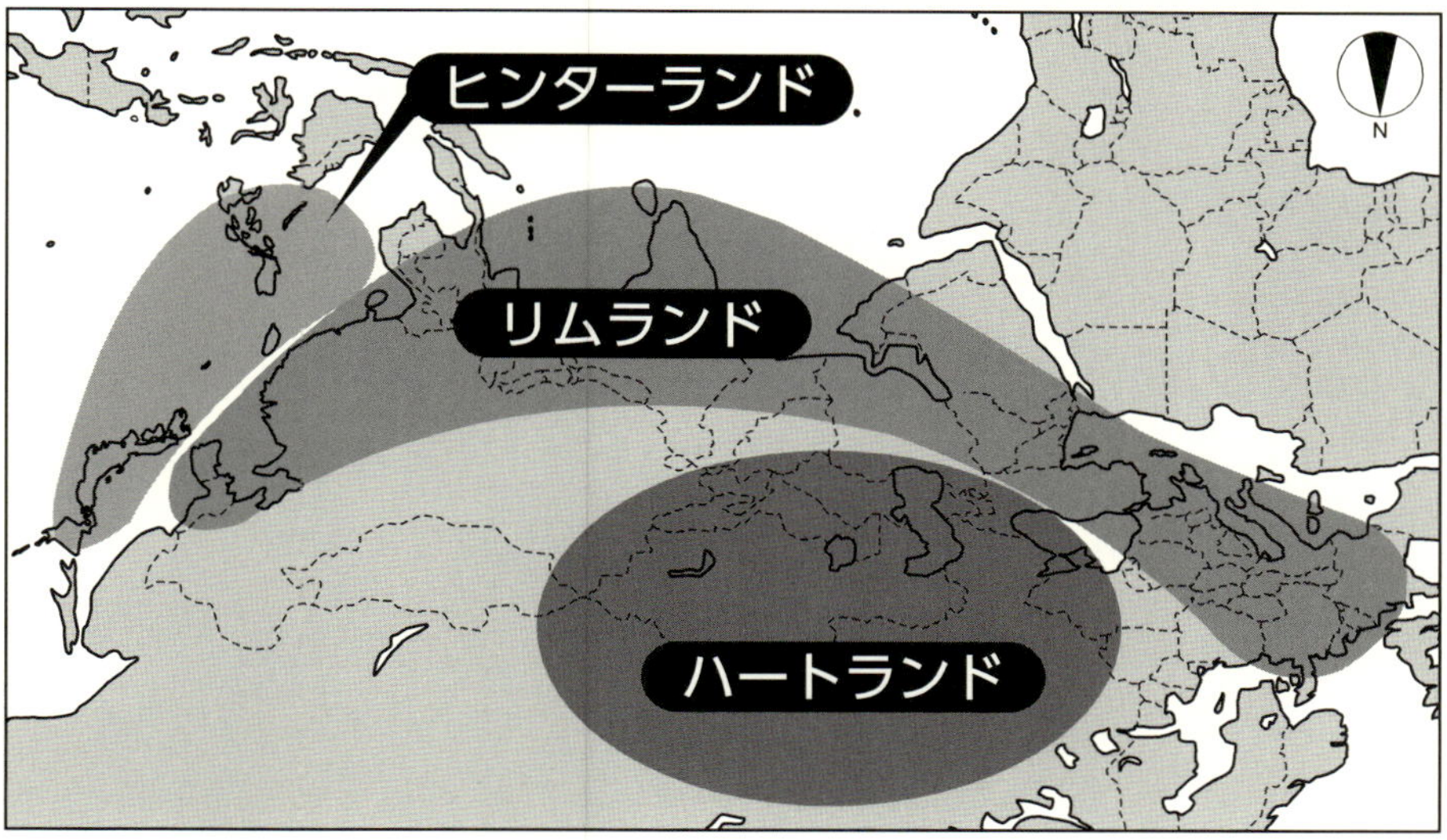

的な発想、政治形態などの情報をインプットして俯瞰するものだ。

地理的な条件といっても、暑い地域から寒い地域、山岳国か草原に位置している国か、島国かなどいろいろとあるが、地政学ではごく大まかに言って「海洋国家」か「大陸国家」かを視点の基本にしている。地政学では世界を海洋国家（シーパワー）と大陸国家（ランドパワー）の二大勢力に分けて、基本的にはシーパワーがランドパワーの膨張を抑止するという想定の中で世界観を構築していくのである。

狭義には西ロシア、東欧などのユーラシア大陸中央部に位置する中核地域をハートランドと位置付け、ハートランドの周辺に位置する地域をリムランドと名付ける。広義の意味でのリムランドにはフランス、ドイツ、東欧などのヨーロッパ諸国、中東、インド、

東南アジア、中国沿岸部、韓国など、大陸国家を取り囲む諸国や地域が含まれる。さらに日本、台湾、フィリピンなどは、シーパワーがランドパワーと対決する時に、シーパワーの戦略物資をリムランドに支援する背後地（ヒンターランド）と概念付けている。

このような概念を基本にすると、もしリムランドとランドパワーが統合すれば、シーパワーにとって深刻な脅威となる。従ってシーパワーはリムランドを形成する国々とともにハートランド勢力を包囲し、その拡大を阻止する。言うまでもなく、シーパワーの代表格は、かつてはイギリスであり、現在はアメリカである。

韓国の動きを牽制する日本

一九〇二年に、イギリスが日本と「日英同盟」を結んだ最大の理由の一つは、当時のロシアの南下政策を阻止することにあった。日清戦争で勝利した日本に対してロシアはドイツ、フランスと共同して三国干渉を行なった。日清戦争で得た日本の権益を清国に返還するように求め、日本がしぶしぶ手放した遼東《りょうとう》半島の権益を、ロシアは清国から借り受け旅《りょ》順《じゅん》港を手に入れた。これでロシアは一年中使用できる不凍港を手に入れ、渤海《ぼっかい》から太平洋に進出できるようになった。

それに対抗したのが、当時随一のシーパワー国家イギリスだ。イギリスはアヘン戦争で手に入れた香港を起点に、本格的に中国への侵入を目指していた。ロシアの南下を阻止しようとするのも、地政学的発想に立てば、当然な行動である。

遼東半島と韓国、日本の位置関係

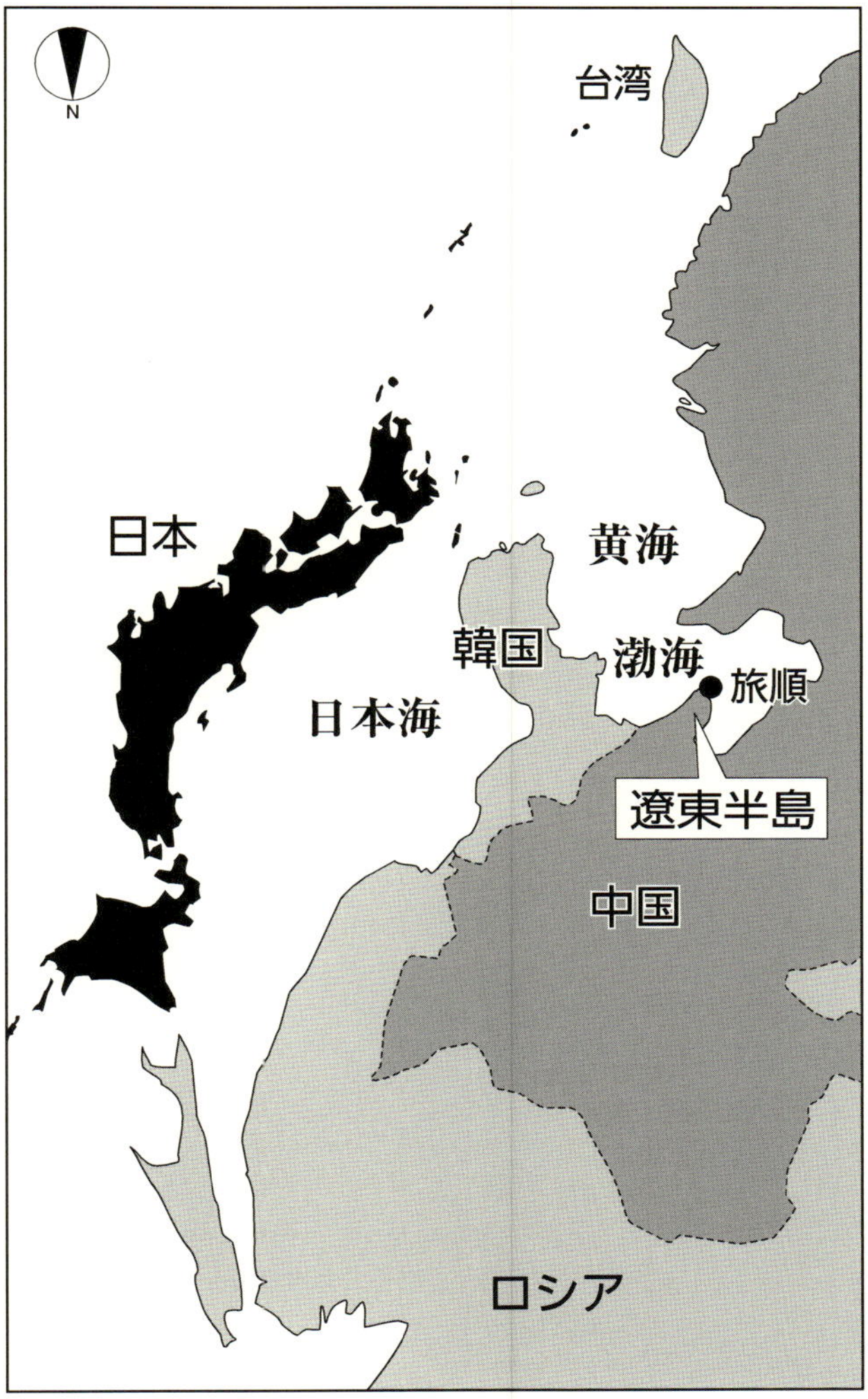

日英同盟はこのようなロシアの南下に歯止めをかけるために、イギリスが日本を利用しようとしたものであった。一方の日本も、ロシアの南下を許せば、リムランドである朝鮮半島が侵され、ランドパワーの超大国ロシアと直接国境を接することとなり、極めて危険な状態なのだ。

幸いにして日露戦争は日本の勝利に終わり、

ランドパワーの膨張を食い止めることができた。シーパワー国家のアメリカとしても危機感を抱いていたため、アメリカのポーツマスで行なわれた終戦交渉では、日本に好意的であったのだ。

また、第二次世界大戦後の朝鮮戦争は、リムランドの北朝鮮を統合したソ連と中国が、南半分のリムランド・韓国に直接戦争を仕掛け、膨張しようとする行為であった。

この朝鮮戦争では、在日米軍が日本の基地から直接参戦した。当時の日本はアメリカの占領下にあり、シーパワー国アメリカの兵力と戦略物資を、リムランドである韓国に輸送して支援する役割を果たした。これを地政学的な見方からすれば、日本がヒンターランドの役割を果たした典型的な実例であったと言えるだろう。

現在、韓国が中国にすり寄る姿勢を見せていることは、地政学から見れば、リムランドの役割を脱して、シーパワーであるアメリカおよびヒンターランドである日本を脅威にさらす行為だと見なすことができる。だから日米は韓国の動きを牽制し、中国は韓国を抱き込もうと必死の努力をしているのだ。

第一章

逆さ地図でわかる新たな東西冷戦の始まり

知床半島から望む国後島

ヨーロッパの地図から見えた新冷戦構造のルーツ

ヨーロッパを征服した者はロシアに向かう

ヨーロッパ大陸西方に位置している大国フランスを中心に地図を見ると、西はピレネー山脈、南は地中海、北はドーバー海峡を挟んでイギリスと向かい合い、さらには大西洋に繋がっている。

問題は東方だ。東隣には永遠のライバルであるドイツがあるが、これを突き抜ければ北ドイツ平原から東ヨーロッパ平原まで肥沃な大地が続く。ポーランドを過ぎればウクライナ平原に達し、さらに東にはロシアの大地が控えている。ロシアに入れば、地続きでアジアにいたり極東に通じるのだ。

フランス革命後、皇帝となったナポレオンはヨーロッパ征服を果たした後、ヨーロッ

フランスの置かれた位置関係

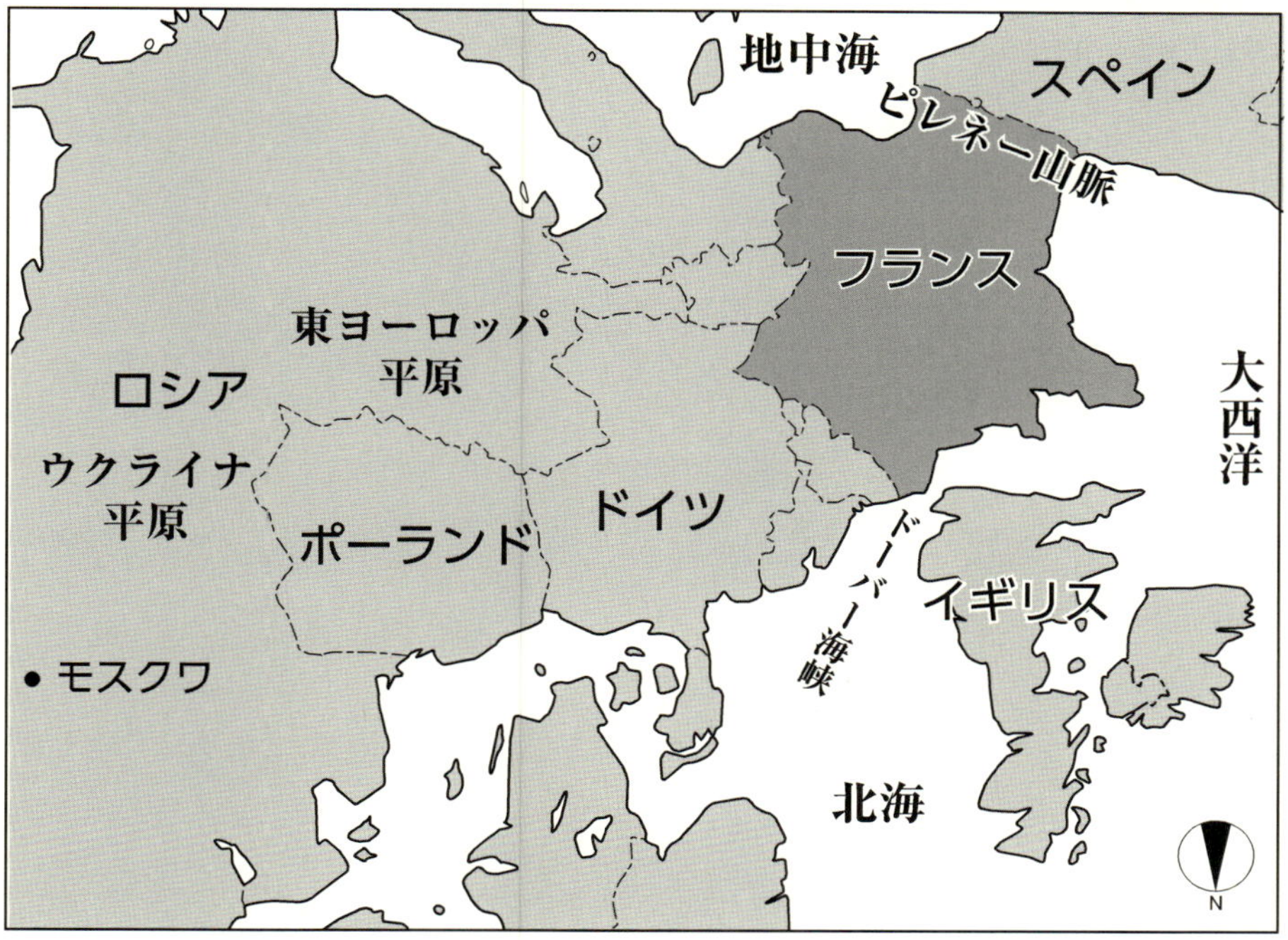

パの平原を突っ切ってロシアに攻め込んだ。また、ナチスドイツのヒトラーはフランスを手に入れた後、「バルバロッサ作戦」の実行を命じ、ソ連国境に三個軍集団三〇〇万の兵力を一気に投入し、モスクワに十数キロの地点にまで迫った。

だがナポレオン、ヒトラーともに、あと一歩のところでロシアの厳しい寒さである「冬将軍」に阻まれて敗退してしまった。これがきっかけとなってナポレオン、ヒトラーの両名ともに、自らが築き上げた王国を崩壊させてしまったのである。

この二人の例が示すように、ヨーロッパを征服した権力者は東へと進み、ロシアを征服しようとするのである。このことをロシア側から見れば、ヨーロッパで強力な国家が生まれてヨーロッパを席巻すれば、その後には必ずロシアに攻め込んで来るという歴史的なトラウマとなってしまうのだ。

だからこそロシアは、西方へと勢力を拡大し、自国の防衛圏をできるだけ西方に持っていこうとする。第二次世界大戦後のソビエトがチェコ、ポーランド、ハンガリーなど東欧諸国を共産化し、東ドイツまでも勢力下に置いたのもそのためである。

脱ロシアか親EUかで葛藤するウクライナ

西ヨーロッパの勢力がロシア平原を目指すのは、巨大山脈など自然の障害が存在せず、攻め込みやすいからという理由が考えられる。さらに言えば、ロシアを征服すれば肥沃な大地と、極東にまで通ずる広大な土地が手に入り、交通権も握ることができるという経済的な利益が見込めるからである。

ヨーロッパから見て、このような地理的条件を備えている地域を、地政学では「ハートランド」という用語を使って概念付けしている。簡単に言えば中核地域、または心臓部という意味である。

地政学の第一命題としてもっとも重要なものは、世界の心臓部としてのハートランドを占領し、ワールドアイランド（世界島と訳され、ユーラシア大陸にアフリカ大陸を加えた近代以前の文明世界を意味する地政学固有の概念）全体を支配するような、強力な勢力が出現しないようにすることだとされている。

それが世界平和実現のための大前提であり、世界の国々は絶えず集団的な監視を怠らないようにしなければならないと結論付けている。

つまり地政学的な見地に立ってヨーロッパから見れば、ウクライナやロシア西部は世界征服のための最重要地帯となり、そこに存在しているロシアから見れば、国家が生き残るためには絶対に譲れない地域ということになる。この二つの勢力のせめぎ合いが現在でも続いており、ウクライナを巡るロシアと欧米の鋭い対立を生み、その影響は世界経済にも波及し、世界が新たな冷戦状態に入ったとまで言われているのだ。

ロシアとウクライナは、ギリシャ正教を基礎とする文化を持ち、民族的にも「ルーシ」と呼ばれる同族であった。だがルーシはモンゴル軍の侵攻によって破壊されてしまう。その後、黒海沿岸の草原地帯ではコサックと呼ばれる武士団が登場し、モンゴル支配を脱すると、この地域には小ロシア（小ルーシ）が残った。

小ロシアは白ロシア（現在のベラルーシ）と大ロシア（現在のロシア連邦）とともにロ

シア帝国を成したが、残りの西半分はポーランドやチェコの保護下に入った。ウクライナという概念は十二世紀頃からあったとされているが、国家としての実態を持ち得なかったのである。

行政単位としてのウクライナが初めて出現したのは、一九一七年のロシア革命によってロシア帝国が崩壊した後に、レーニンの命によってであった。ソ連邦下で成立したウクライナ領は、ポーランドやチェコに含まれていた西部地域やクリミアも含まれておらず、現在よりもっと小さかった。

第二次世界大戦中は、ソ連からの独立を目指す国粋主義者が、侵攻してきたナチス・ドイツ軍に協力した。だがこのことが、当時のソ連共産党書記長で独裁的な政治家であったスターリンの怒りを買い、戦争終了後はスターリンによってウクライナ国民はシベリアなどに移動させられ、国内難民的な扱いを受けるようになった。

シベリアなどに追いやられたウクライナ人の一部が、国後、択捉などの日本の北方領土に移り住み、そこの住民となった。北方領土の人口比率では、祖先がウクライナ人という人がロシア人に次ぐ多数を占めているのだ。

スターリンは、第二次世界大戦後勢力下に入ったポーランドやチェコからウクライナ西部を切り離し、ウクライナに返還させた。それに加えて一九五四年には、クリミアがウクライナ領に編入されることになったのだ。

一九五三年のスターリンの死後、激しさを増していったソ連共産党内の権力争いの過程で、ウクライナ出身のニキータ・フルシチョフが頭角を現し、ソ連邦のトップとなった。だが権力の安定のためには、ウクライナの党組織およびウクライナの行政トップたちの支持を取り付ける必要があったため、強引にクリミアをウクライナ共和国に編入してしまったのである。

当時のクリミア住民にとってウクライナへの編入は、あまり大きな意味は持たなかった。というのはソ連邦内の共和国の間に存在する境界線は、地図上の線に過ぎなかったからだ。だが、ロシア人が大半を占めるクリミアの住民にとって、ウクライナ語の使用を義務付けようとする政権の志向は、そんなに執拗《しつよう》ではなかったとしても鬱陶《うっとう》しさを感じさせるものであった。

オスマントルコの支配下にあったクリミアが、オスマントルコからロシア帝国に編入されたのは十八世紀のことで、ウクライナが建国されるはるか以前のことである。二世紀にわたるロシアへの帰属で、トルコ支配の残滓《ざんし》として残る少数民族のタタール人をも含めて、クリミアはほぼ完全にロシア化していたと言えるだろう。

ソ連崩壊後クリミアは、独立国となったウクライナの一部として残った。その後、ウクライナの政府には国粋主義者が入り、排露派の勢力も強まってきた。

何よりも問題であったのは、ウクライナの経済が悪化の一途をたどり、一向に浮上する気配がなかったことだ。その上に政権内部が腐敗し、汚職がはびこったことも原因となって、二〇〇七年には西部の住民を中心とした親ＥＵ派が、オレンジ革命といわれる運動を起こし、親ロシア派政権を倒した。

このオレンジ革命には、ウクライナ領内にいた西側の外交官や、夥《おびただ》しい数のＮＧＯ団体の活躍があった。中でも特筆すべきはアメリカの投資家ジョージ・ソロス氏が、親ＥＵ派に莫大な資金援助を行ない、革命を演出したとされていることである。

このことをロシア側から見れば、アメリカを中心とするグローバル資本主義によって作られた政権のロシアへの攻撃と映る。当然ながらウクライナ東部の住民は、新政権に反発する。ロシアはウクライナに供給しているガス価格の吊り上げや、代金の前払いなどで経済的にウクライナを締め上げた。

さらにプーチン政権は混乱に乗じて、ウクライナがこれまでロシアが供給していた天然

クリミア半島・ウクライナの周辺国

ガスの代金を支払わないばかりか、ウクライナ国内を通るヨーロッパ向けのガスパイプからガスを抜き取るなどの無法を重ねたとして、ウクライナ政権にその代金を支払うように詰め寄ったのである。

政権を握ったウクライナの新政府はEUへの加盟を目指して交渉に入った。だがEU加盟には「財政赤字がGDP比三％以下」という条件がある。ギリシャがEUに加盟した時、この条件に満たないことを知りつつ数字を粉飾し、それが後に露見してユーロが暴落し、EUの経済が危機的状況に陥った苦い経験があるため、EUはウクライナに対して厳しい態度を執ったのである。

この当時、ウクライナの財政は、対ＧＤＰ比四％台の赤字だった。これを三％以下に抑えようとすれば、公務員数の削減、公共料金の値上げなど、ウクライナ国民にとっては大変な負担となる。

クリミアをはじめとするウクライナ東部の親ロシア派住民にとっては、そこまでの痛みに耐えてＥＵ加盟を果たさなければならない理由がない。政権の方向性に対して親ロシア派の不満が一気に高まったのである。

そこで行き詰まったウクライナ政府に対して、ロシア政府が財政改革なしの財政支援と天然ガス等のエネルギー値下げを提示した。この結果、二〇一〇年のウクライナ大統領選挙では、親ロシア派のヤヌコビッチが僅差で復活当選し、ロシアから一五〇億ドルの財政支援を取り付けることを条件にして、ＥＵ加盟交渉を打ち切った。

しかし、親欧米派が猛反発し、二〇一四年の政変で親ロシア派のヤヌコビッチ政権を打倒し、今日にいたっているのである。

東に拡大するEU――西側の経済攻勢でウクライナが混乱

公開されたアメリカの策略

クリミアの帰属問題とウクライナへの軍事介入を巡って、欧米側はロシアのプーチン大統領をヒトラーになぞらえて悪玉に仕立て上げ、経済制裁を加えている。だが実を言うと、ウクライナの政変はアメリカ主導で施行されていたことが立証されていた。

二〇一四年二月に暴露された、ビクトリア・ヌーランド米国務次官補（欧州・ユーラシア担当）と駐ウクライナ米大使の電話での通話記録によると、ウクライナの政変はアメリカ政府の意向に沿って周到に計画されていたのだ。

この通話記録はアメリカ政府も認め、ヌーランド女史自身もこのことに対して正式に謝罪したのは事実であるし、その語られた内容通りに状況が進展している。この通話の内容を再現し、なぜアメリカはこのような対ロシア追い込み攻勢をかけているのかについてアプローチしてみたい。

二〇一四年二月四日、ロシアの情報機関が録音したと思われる音声がネット上に公開された。世界中の誰もがアクセスできる状態で、盗聴された音声が公開されたのは前代未聞のことである。それだけでも世界中の話題を集めそうだが、当初はあまり注目されなかった。二月七日のソチ冬季オリンピック開幕日には、ロシアの盗聴騒ぎが新聞記事になったが、その時点ではオリンピック開幕のニュースが各メディアの主要テーマであり、内容があまりにも荒唐《こうとう》無稽《むけい》で、巷《ちまた》でよく言われる陰謀説さながらだと受け取られたのである。

この音声の主はヌーランド米国務次官補とジェフリー・パイエト駐ウクライナ大使で、二人が交わした四分少々の電話での会話がそのまま再生されている。

この詳細については二月七日付、BBC NEWS Europe「Ukraine crisis :Transcript of leaked Nuland-Pyatt call」(http://www.bbc.com/news/world-europe-26079957)でネット上で電話の会話を英文に起こし、外交専門記者ジョナサン・マーカス氏の解説付きの記事として公表されている。

それによると、一月二十五日に、当時のウクライナ大統領ヤヌコビッチが、反政府側の野党ヤツェニュク氏を新首相に、クリチコ氏を副首相にする案を野党側に提出した。だがその翌日、この妥協案を野党側が無視した。その結果、混乱の責任を取って首相と全閣僚が辞任する。こうした一連の流れの中で、ヤツェニュク氏がアメリカ大使に提出したシナリオメモを見ながら、その内容について二人が協議する生々しい会話が記されていた。

このシナリオは、五月の大統領選挙に向けてのもので、ヤヌコビッチ大統領追い落としの後、暫定政権を作り、選挙をどのように運営していくかについてのものだ。

シナリオによると、大統領選挙に立候補する気十分で人気のある元ボクシング世界チャンピオンのクリチコ氏を差し置いて、暫定的にトゥルチノフ氏を大統領代行に配置し、後にヤツェニュク氏を首相に据えるというもので、最終的にはユダヤ人脈のバックアップを得てティモシェンコ女史を大統領選挙で勝利させる。クリチコ氏には大統領選挙のチャンスを与え立候補はさせるが、最終的には落選させることで政権から排除するとなっている。

二人の会話は、ウクライナの政治工作に深く関与していく過程で、クリチコ氏に対する信頼をなくしたとして、彼を政権から排除することに賛成し、ヤツェニュク氏を暫定政権の首相にすることを確認。その理由としてヌーランド女史はヤツェニュク氏が経済に精通しており、政権で働いた実務経験が豊富であることを挙げている。

そして彼女は、ヤツェニュク氏から面会したい旨の申し出を受け、本人と面会するためのスケジュール調整を、ジェフリー・パイエト駐ウクライナ大使に依頼する。さらにはロシアに対する経済制裁に足並みが揃わないEUに対して「…and,you know,Fuck the EU（それで、わかっているわよね。EUなんてクソ食らえだわ）」とも言っているのだ。

現実にはこの後、二月二十二日のソチオリンピック閉会直前になると、反政府組織のデモ運動が急速に激化。突如として憲法違反の議会によってヤヌコビッチ大統領が職を剥奪され、暴力で追放される事態となった。

そして、翌日の二月二十三日には盗聴されたシナリオ通りトゥルチノフ氏が暫定の大統領となり、二月二十七日には本当にヤツェニュク氏が首相に任命されたのである。これらの事実が証明しているように、欧米間で多少の意見の食い違いがあるにせよ、旧西側諸国がウクライナの反体制運動に深くコミットしていたことが明るみに出た。

このヌーランド次官補はロバート・ケーガン氏の夫人である。ロバート・ケーガン氏はブッシュ前政権の中心におり、イラク戦争を発動させるなどの対外強硬派であるネオコン（ネオ・コンサバティブ＝新保守派）の有力メンバーであり、ネオコンの理論的指導者と目されている。ネオコンのバックにはアメリカの軍事産業があり、産軍複合体の意向を政策に反映させる存在であることがよく知られている。

欧米の勢力は反ロシアに動いている

さらに、欧米のさまざまな産業の意を受けた民間団体が、水面下で活動していることも次々に表面化している。

二〇一四年三月二十一日付の毎日新聞によれば、ベルギーの首都ブリュッセルに本拠を置くNGO「民主化のための欧州基金」という組織が、二〇一三年十一月以降、ウクライナの首都キエフの反体制デモ隊に一五万ユーロ（約二〇〇〇万円）の活動資金を提供したことを認めている。

二〇〇四年の「オレンジ革命」当時も、金融資本を中心とした欧米の各勢力が、ウクライナの反ロシア勢力に肩入れしてきている。このように、ロシアの弱い脇腹であるウクライナは欧米からの攻撃にさらされ続けているわけだ。

一九九一年のソ連崩壊から二〇年以上経ったが、アメリカを先頭とする西側の旧ソ連圏に対する攻勢は少しも緩められていなかった。ソ連崩壊までソ連圏に組み込まれていたポーランド、ハンガリー、チェコ、バルト三国はいずれも独立し、EUやNATO（北大西洋条約機構）などの欧米の機構の構成国となって、ロシアと対峙する立場となっている。にもかかわらず、ウクライナはＥＵにも加盟できず、ロシアの衛星国のような立場に甘んじていたところ、今回の政変である。ここまでロシアを追い込もうとする欧米の狙いはどこにあるのだろうか。

その答えを象徴するような事柄が、混乱の最中にあるウクライナで起きていた。大統領選挙があった二〇一四年五月、ウクライナでシェールガスの採掘権を持っている企業・ＢＲＩＳＭＡの取締役としてアメリカ副大統領バイデン氏の次男が就任したのだ。つまり、オバマ政権はウクライナの混乱を演出し、反ロシア勢力を基盤とした政権を樹立させ、その隙にロシア圏内の資源に触手を伸ばしていたというわけだ。実は似たような構図は過去にもあった。

ソ連崩壊の直後のエリツィン大統領時代には、ソ連時代の国有企業をはじめ各産業の民営化が一気に進み、ロシア国内に新興財閥が次々に誕生した。二〇〇三年、その中の一つ、ロシア最大手の石油会社ユコスのホドルコフスキー社長が、アメリカの石油メジャーにユコス社を売却しようとしたのだ。

アメリカのメジャーが、ロシア国内のエネルギー会社を手に入れれば、事実上アメリカ

表面は穏やかに生活するウクライナ市民

政府がバックに付く。これを手始めに欧米の巨大資本が、ロシアのエネルギー産業をはじめとするさまざまな分野に入り込み、競争原理のみが絶対の価値となるアメリカ流の、グローバリズムの大波がロシア全土を覆い尽くすことになりかねない。

これに危機感を持ったエリツィン大統領は、脱税などの容疑でホドルコフスキー氏を逮捕し、ロシア最大の資産であるエネルギー産業を守ったのである。

だが、この後欧米勢力が二〇〇三年のグルジア（現ジョージア）、二〇〇四年のウクライナ、二〇〇五年のキルギスと、ロシアの勢力圏・旧ソ連圏諸国で革命を起こし、反ロ親米（親欧州）政権を次々と樹立させていく。

革命で失脚したグルジア（現ジョージア）のシュワルナゼ元大統領は、二〇〇三年十一月二十九日付の朝日新聞に、またキルギスのアカエフ元大統領は、時事通信二〇〇五年四月七日付配信記事の中で、それぞれアメリカの情報機関が革命に関与していたことを指摘している。

二〇〇八年のリーマンショックを機に、ロシアの新興財閥系の企業が次々と経営困難に陥った。この時のプーチン政権は企業に資金をつぎ込むことになるが、各企業の評価基準を設定し、ロシアの国益にかなう企業に資金援助を行なうとして、「プーチンのリスト」と呼ばれるものを作成して、事実上の「国家資本主義体制」を作り上げた。

その結果ロシアの企業は、政権の意に沿わない場合は、資金難に陥るという構造が出来上がったのである。この処置はプーチンが欧米の経済攻勢に対抗したものと認識されている。

追い詰められたロシアの突破口はアジアへの接近策

欧米とロシアのせめぎ合いになったウクライナ問題

一般に市販されている地図帳には通常、世界各国の地図を含め、環境の状態を地図上で示した環境地図や、国境線などを明記しどの国がどこまで自国の領域としているかを国別に色分けして表示する行政地図などが一冊にまとめられている。

ヨーロッパ行政地図を開いてみると、西欧式の政治システムと経済システムを持った国が凄まじい勢いでロシア国境に迫っているのが一目瞭然だ。

一九八九年のベルリンの壁崩壊以降の、ヨーロッパの政治・経済の基本的な流れは、アメリカ一極主義の力による旧ソ連の勢力範囲への挑戦であり、それに対してプーチン政権で明確化されたロシアの抵抗という構造の中での攻防であることが見えてくる。

欧米側はポーランドやバルト三国をNATOあるいはEUに加盟させ、欧米の勢力圏を史上かつてない範囲にまで東方に拡大させてきた。

そのもっとも顕著な例は、二〇〇一年に当時のブッシュ米大統領が、東欧でのミサイル防衛システムを推進するため、旧ソ連との間で締結していた弾道弾迎撃ミサイル制限条約から脱退すると発表したことである。

迎撃ミサイルの制限を撤廃すれば、互いに防御を固めるミサイル増強競争となり、敵より防御が堅固になれば、それだけ相手に対する弾道ミサイル攻撃へのハードルを下げることができる。つまり、相手に対してミサイルで先制攻撃を仕掛けたとしても、自陣のミサイル防御システムが堅固であれば、敵から報復のミサイル攻撃を受けたとしても、損害は受けない。だからそれだけ相手を攻撃する決心を付けやすくなるのだ。

従ってロシアにとってのアメリカの行為は、欧米側から新たな軍拡競争を仕掛けていることになるのだ。

その上でブッシュ大統領は、二〇〇二年十一月には、旧ソ連のエストニア、ラトビア、リトアニアのバルト三国を含む東欧七ヵ国のNATO加盟を支持した。ブッシュの主導によってこれら七ヵ国が、二〇〇四年にはNATO加盟を実現させている。

プーチンをはじめとするロシア政府当局者にとっては、ソ連と戦うために形成されたNATOがソ連崩壊後に拡大を続けるという状況を直視すれば、その次にウクライナ、そしてロシアへの勢力拡大の意図があると見るのが必然である。

その視点に立てば、ロシアにとってのウクライナ問題は、過去二〇年間延々と続いてきた欧米とロシアの水面下でのせめぎ合いが大きく浮上し、絶対に譲れない局面になる。

事実、地政学的視点に立てば、この状況は明確になってくる。

中国に接近するロシア

第二次世界大戦後に構築された冷戦構造は、ランドパワーである旧ソ連と中国を封じ込める国際戦略であったし、東西冷戦終結後に東欧、中央アジアを民主化することでロシアから分断したのも、英米の地政学を基礎としたロシア包囲戦略が続行されてきたからである。その成果の延長線上に、ウクライナの政変が繋がったと言えるだろう。

具体的にはソ連崩壊直後から、一九九〇年代に起こった一連のコメコン・ワルシャワ条約機構（冷戦当時、ソ連の勢力圏を固めるために共産圏諸国が相互に結んだ経済相互援助会議をコメコンと言い、その軍事機構をワルシャワ条約機構と呼んでいた）構成国の東欧

ワルシャワ条約機構加盟国

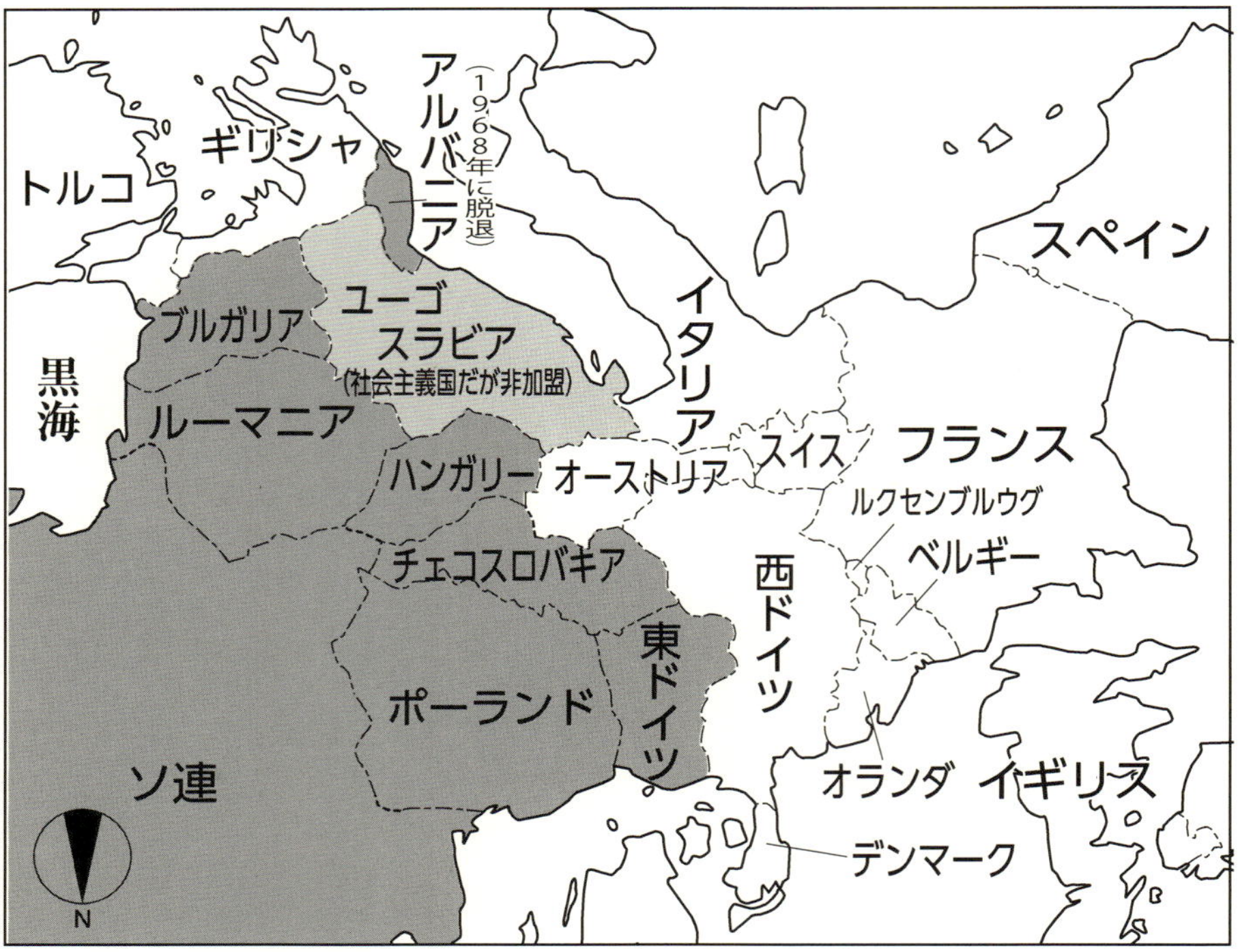

諸国と、バルト三国の民主化とＮＡＴＯ加盟。さらには米軍の東欧への常駐は、ロシアとその周辺国との分断に繋がった。

続いて起こった二〇〇〇年代のグルジア（現ジョージア）、ウクライナ、キルギスなど、黒海沿岸から中央アジアの民主化は、相当露骨なやり方で英米が関与しており、ロシアとその周辺国のさらなる分断と、中国とロシアの分断を狙ったものだと言えよう。

こうした地政学的視点に立てば、九〇年代以降の東欧、中央アジアの民主化によって、ロシアはベルリンにいたるまでの旧ソ連時代の衛星国を喪失し、アジアにおいても孤立しつつある。それは英米

国境が変わった東欧の国々

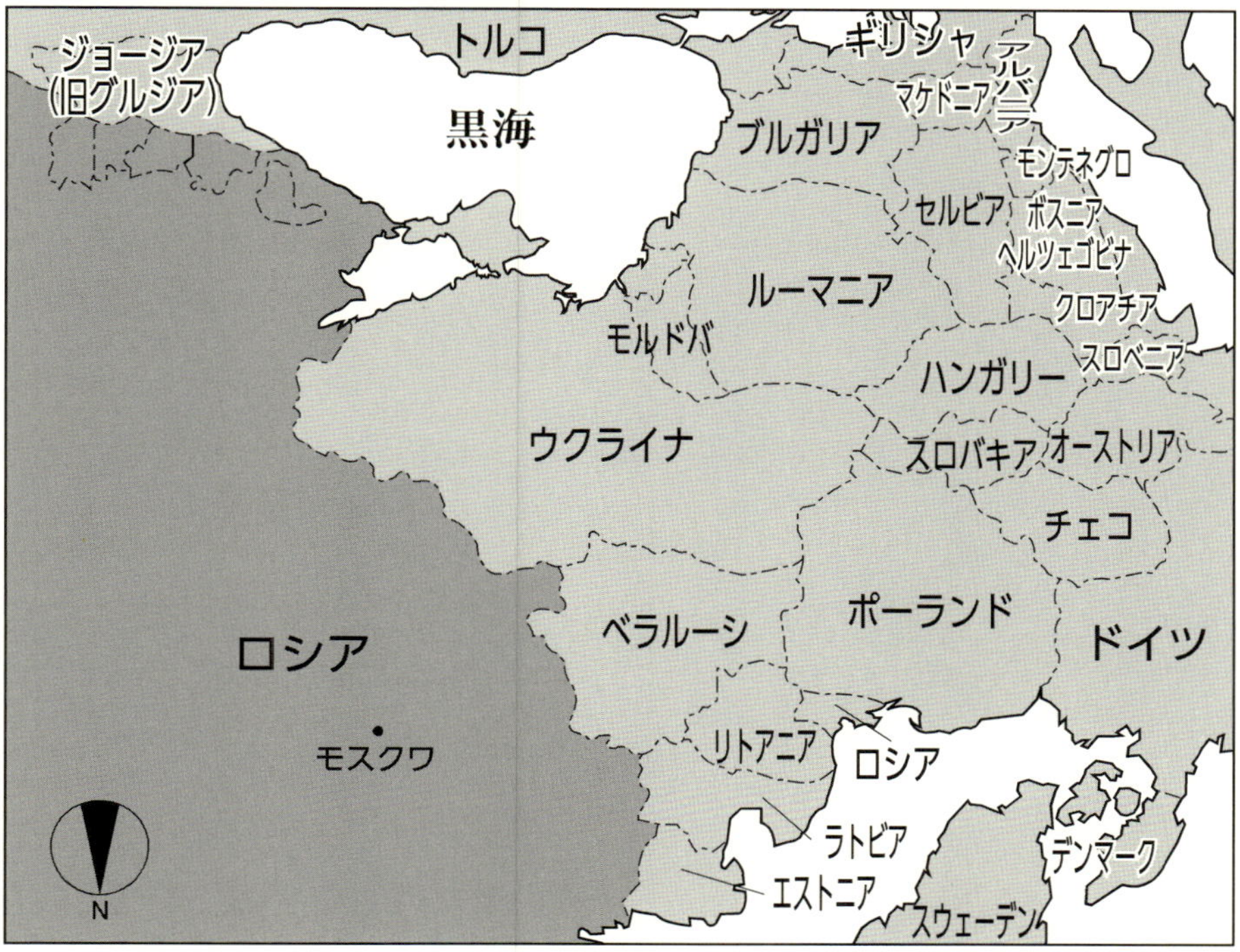

の攻勢でロシアが防戦一方となり、冷戦時代からははるかに勢力圏を縮小させるという大きな流れが確立し始めたことを意味している。

これに対するロシアの対抗策は、中長期的には中国と接近し、両国共同で中央アジアやインド、パキスタン、イランなど周辺諸国を経済的に取り込もうとする戦略だ。

そのような延長線上に、二〇一四年五月のプーチン大統領訪中があり、十年がかりで交渉を続けていたロシアの天然ガス輸出が一気にまとまったのである。

中国とロシアは総額四〇〇〇億ドルに上る天然ガス供給契約に調印し、ロシアは中国に年間三八〇億立方メートルの天然ガスを三〇年間供給することとなった。この合意によりロシアは、対ヨーロッパ輸出への依存度を減らし、ウクライナを巡る欧米の制裁の影響を緩和することができた。

ロシアにとって現在の中国は最大の貿易相手国であり、両国は二〇一三年に貿易額を九〇〇億ドルとしていたが、今回二〇二〇年までに天然ガスの供給を倍増させることで合意した。そして、中国は今回の合意により、マラッカ海峡経由の石油資源輸送の不安と、大気汚染の原因である石炭への依存を減らすことが可能となったのである。

石油と天然ガスに依存するロシア経済

しかし、ロシアの内実は良くない。その主な原因は腐敗と国家資本主義体制の経済状況が足かせとなっているからである。確かにプーチン政権下ではロシア経済は急成長を遂げ、国民の所得も上昇し、年金などの社会保障費も支払われるようになった。だがこうした成果は、ほぼ完全に石油と天然ガス収入に依存しているのだ。

一九九五年以降から石油・天然ガスの価格は五倍も値上がりしている。このため、ロシアの石油と天然ガス輸出への依存度はさらに強まり、現在ではロシアの輸出の七五％は石油と天然ガスで占められているという極めて歪《いびつ》な状況だ。他方では、ロシア工業は旧ソ連時代の悪弊《あくへい》が尾を引き、高い労働コストと低い生産性のために国際競争力がなく、商店で売られている商品の大半が輸入品である。従って技術革新も困難を極め投資も低迷だ。

ロシアでは能力のある若者と資本の国外流出が止まらず、蔓延する腐敗と非効率によって巨額の無駄が生じ、不正資金が海外に蓄積されつつあるのが実情だ。

二〇一四年二月一日―七日号の『エコノミスト』誌によると、一〇年前は石油一バレルが約二〇ドルで、ロシアの国家予算は収支バランスが取れていたが、今や一バレル当たり一〇三ドルを堅持しないとバランスが取れなくなっている。それにもかかわらず、ロシアの石油価格は一〇八ドルまで落ち込んでおり、しかもシェールガス・オイルブームを背景にして石油・天然ガス価格が、今後さらに下落していくとの見方が強い。

このためロシアのＧＤＰ成長率は、二〇一三年には一・五％に達せず、二〇一四年には二％となり、ユーロ圏の弱小国と同レベルにある。二〇〇〇年代以降に著しい経済発展を遂げているブラジル、ロシア、インド、中国の四ヵ国を総称するＢＲＩＣ諸国の中では、他の三国からはるかに引き離されてしまった。

それに対して中国は、オーストラリアや中央アジアからも天然ガスを調達でき、国力が強大化しつつある。この状況からすれば、中露関係では中国が優位にあると言えるだろう。また、両国は結束してアメリカに対抗しようとする反面、アメリカの市場を必要としており、中央アジアでは互いに影響力を競っている。

そして、両国を分割する長い国境線は、恒常的な不信感の源となっており、ロシアの多くの戦術核は中国に向けられているのだ。

これらの諸状況を織り込めば、長期的には中露が離反する可能性は強まりこそすれ、弱まることはないと考えられるのだ。要するにロシアがヨーロッパからアジアに経済の軸足をシフトしても、中国を協力者と見立てる限り、ロシアが今後蘇る長期的戦略を立てるのが困難と言えるだろう。

ウクライナ問題を分析していくと、その基本モチーフは、冷戦終結後のユーラシア大陸を巡る英米のシーパワーと、中露のランドパワーの覇権争いであり、それがアジアを巻き込んだ全地球的規模で展開されていたことがわかる。その背景には大規模なエネルギー資源争奪戦が展開されており、アメリカのシェールガス・オイルの開発と供給次第で、ロシアが徐々に劣勢となっていくことは明らかな状態である。

エネルギー地政学で見えた新しい日露関係

近くて遠い国ロシア

ロシアを中心に地図を見てみると、まず見えてくるのはその国土の広さだ。ヨーロッパから極東、アメリカと国境を接するベーリング海にまでいたっている。

ロシア人がその気になれば、海を一度も渡らずに、自国領土だけを歩いてヨーロッパからアジアまで通行できるのだ。

ヨーロッパ・ロシアは、サンクトペテルブルクを中心にした地帯からウラル山脈までをいう。ウラル山脈を東に越えればアジアの大地にいたる。北には太古の時代から続く永久凍土のツンドラ地帯が続き、さらに北は北極海だ。シベリアのカムチャツカ半島から、千島列島を下れば、その端に日本の北方領土があり、さらに南には北海道がある。北方領土の国後《くなしり》島から北海道の知床《しれとこ》半島までは、直線距離でたった二五キロメートルしかない。

現在では、釧路《くしろ》からサハリンまで直行フェリーもあり、随分と時間が短縮されているが、私が初めて北方領土に入った一九九〇年当時は、飛行機を乗り継いで二泊三日もかかっていた。

東京—新潟—ハバロフスク—ユージノサハリンスクと、機上にいる時間はトータルでわずか五時間でしかないのに、飛行機便の関係でハバロフスクとユージノサハリンスクでそれぞれ一泊はしなければならなかった。この二泊三日という時間の中に、日本と北方領土の間に横たわる政治的距離を感じざるを得なかった。

日露間に横たわる北方領土問題

考えてみれば、北海道の北に位置する歯舞《はぼまい》、色丹《しこたん》、

広大なロシアの領土

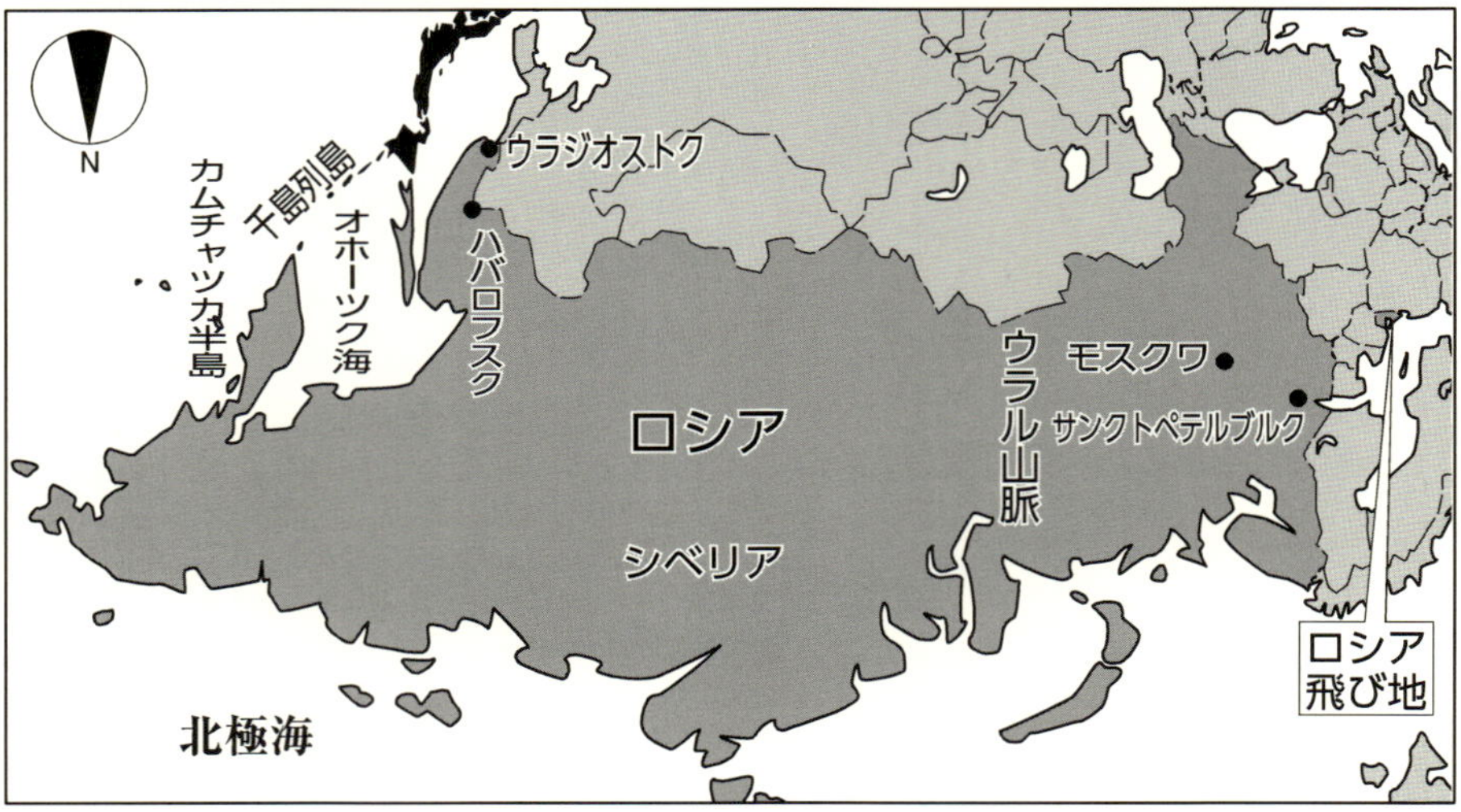

日本領である北方四島

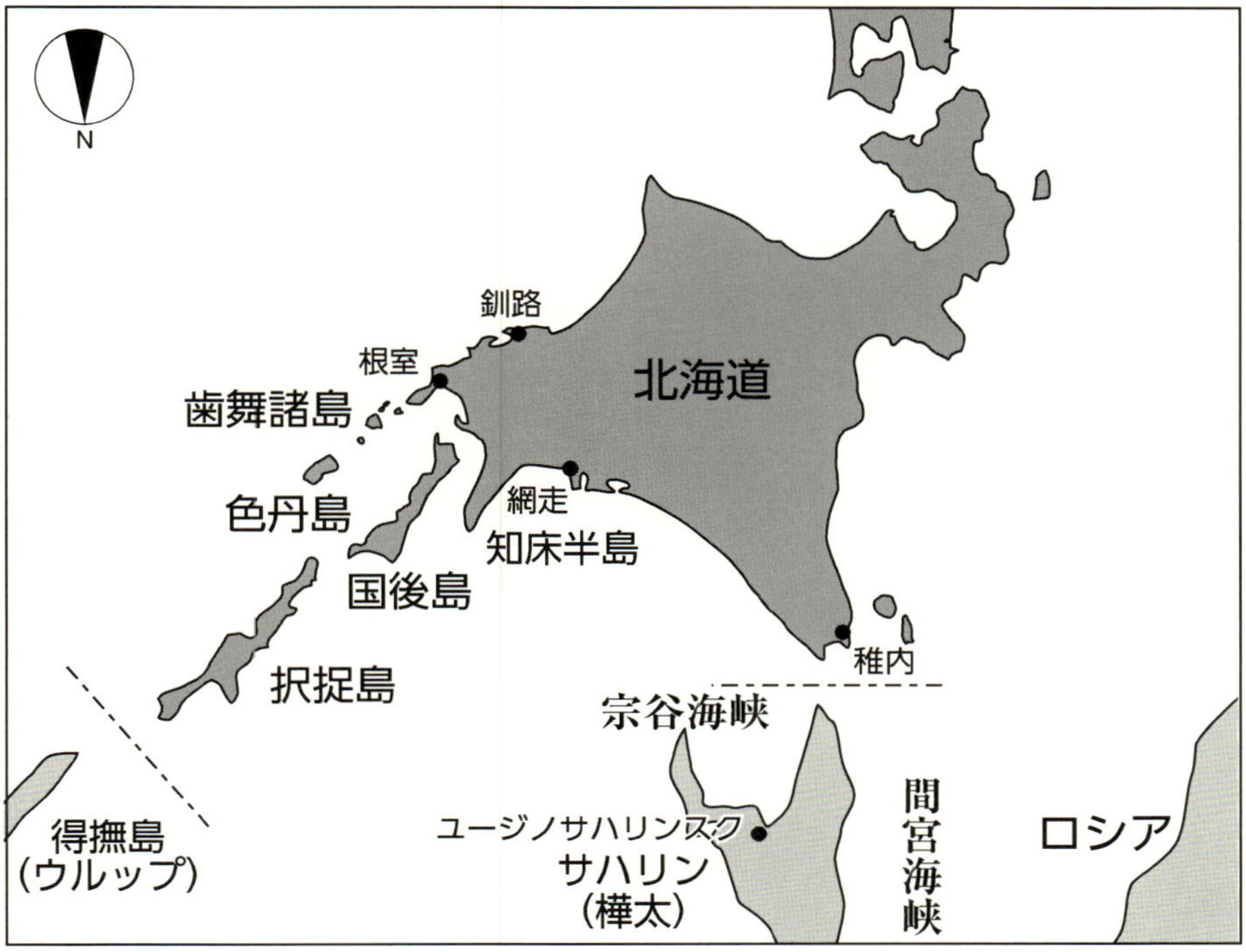

国後、択捉《えとろふ》という北方四島の領土問題は、戦後日本のエポックでありながらも、この七〇年の間一般の日本人にはほとんど関心が持たれていない。

その大きな原因の一つは、戦争終結の日に対するわれわれの常識にあると言えそうだ。戦後の七〇年間、ほとんどの日本人は、一九四五年八月十五日に戦争が終わったと信じ込んでいた。アメリカ、イギリス、中華民国などの連合国が、日本に降伏を要求したポツダム宣言を、日本が受諾したのが一九四五年八月十四日である。そのことを昭和天皇が日本国民にラジオ放送で伝えたのが、翌日の十五日で、これによって日本が敗北し、そし

東欧から北東アジアに繋がる「自由と繁栄の弧」

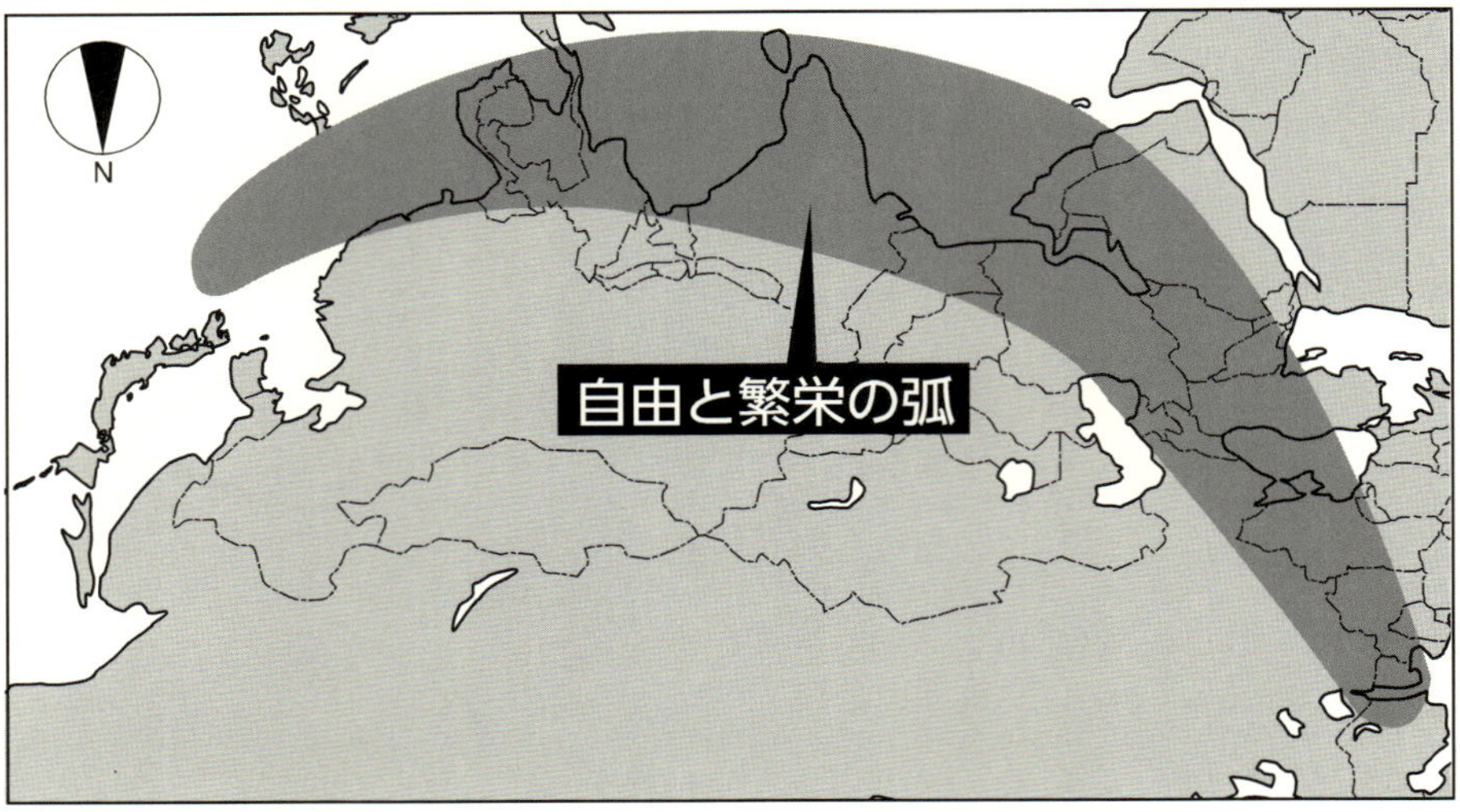

て戦争が終結したと思っている。

ところがソ連にとってはそうではなかった。ソ連政府は八月十五日に千島侵攻作戦の実施を命令し、ソ連軍が日本領に侵攻してきたのである。ソ連軍の攻撃は八月十八日から九月一日まで続き、北方四島が次々に占領されてしまったのだ。

当時の日本国民のほとんどは、敗戦のショックで茫《ぼう》然《ぜん》自失《じしつ》していたため、このことにはあまり関心を示さなかった。その後に紆余《うよ》曲折《きょくせつ》はあるが、日本政府はソ連に対して一貫して四島の返還を要求し、ソ連側は「日本との領土問題は存在しない」と主張して平行線をたどっている。この経緯からもわかるように、北方領土問題は日本の戦後を引きずっている問題なのだ。

それでは日本は、どのように動くべきであろうか。二〇一五年現在、日本政府はウクライナ問題を巡る一

安保ダイヤモンド戦略

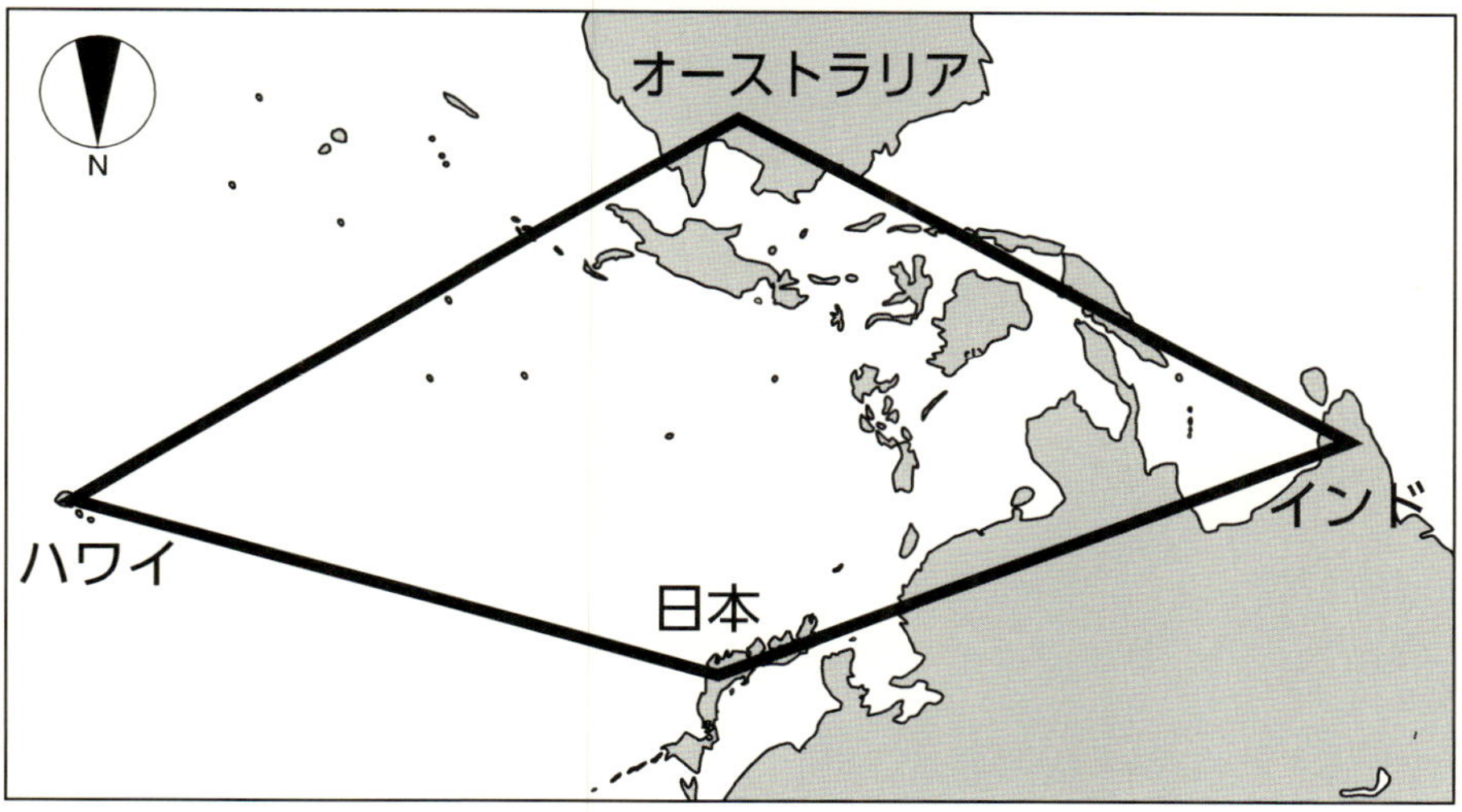

連の制裁問題の中で、懸案の北方領土問題を抱えた状態である。安倍首相とプーチン大統領はこれまで五回の会談を重ね、日露関係を良好なものにしてきたが、二〇一四年秋のプーチン大統領の訪日が潰れ、現状では極めて微妙な舵取りが必要とされている。

だが、結論を先に言えば、日本は欧米側についてロシア制裁の行動を採るべきだろう。安倍政権の外交方針は一貫して「価値観を共にする諸国と共同して自由を保障する」という価値観外交で貫かれている。

これは地理的にはヨーロッパから始まって、東欧、バルト三国、中央アジア・コーカサス、中東、インド、さらには東南アジアを通って北東アジアに繋がる「自由と繁栄の弧」と呼ぶ地域。さらには日本、インド、オーストラリア、ハワイを結ぶ「安保ダイヤモンド戦略」に関する地域が、対象として含まれている。

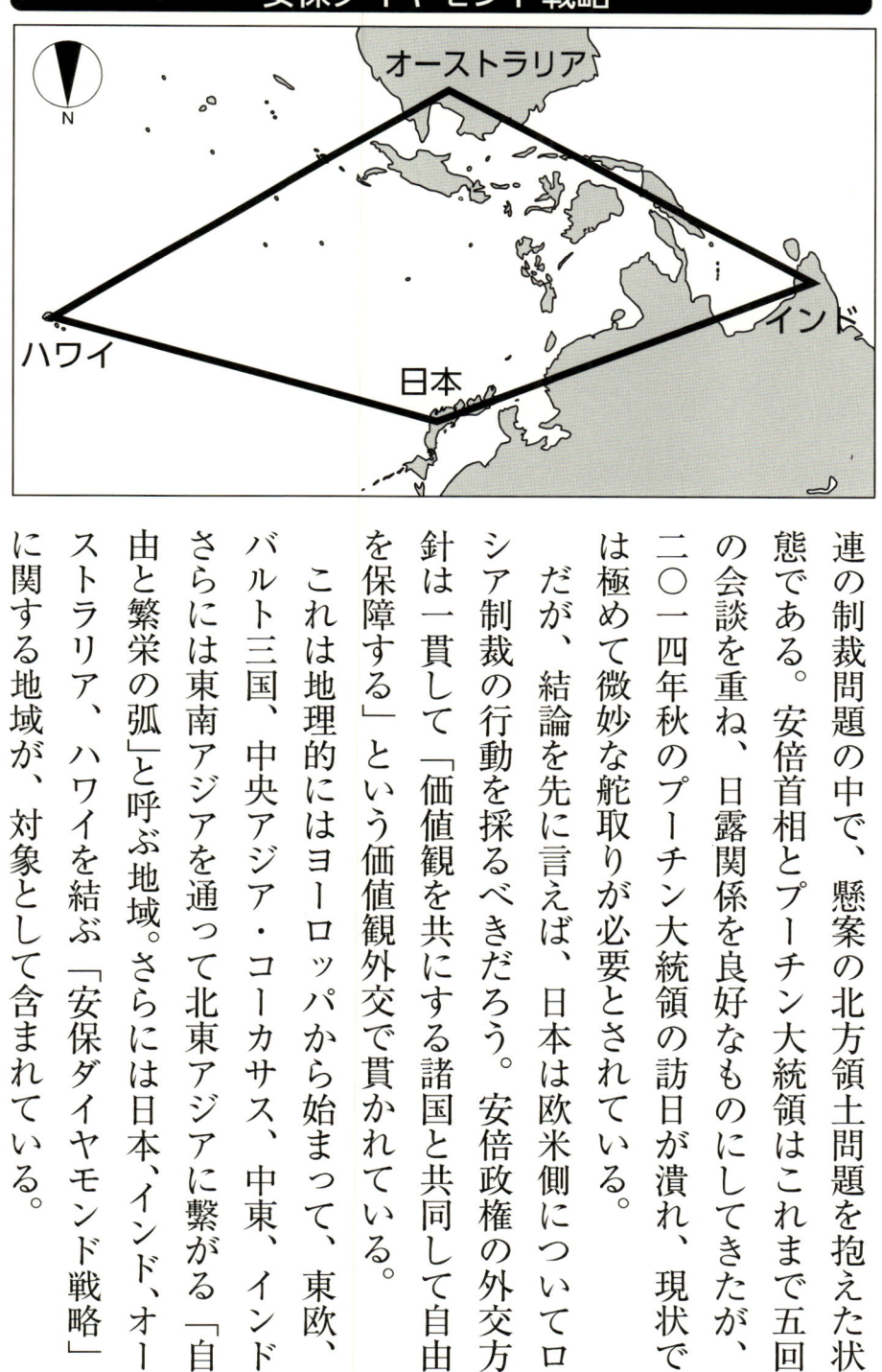

日本の戦略的立場は、これらの地域の民主主義市場体制の国々（リムランドとヒンターランド）と積極的な政治・経済協力を通じ、欧米が採っている、ロシア・中国のランドパワーを、大陸に封鎖するという地政学の戦略とシンクロしているのである。

ここで欧米と日本の基本的な戦略が一致していることとなり、欧米との共同歩調を採るのがごく自然である。

当然のことだが、欧米と歩調を合わせるとなれば、ロシアの日本への態度は硬化するだろうし、日露関係は悪化し、北方領土問題の進展は一時的には遠のいていく。しかし、欧米の戦略で封じ込められたロシアは、遅かれ早かれ窮地に陥る。その時、ロシアは必ず日本に近寄ってこざるを得なくなるだろう。

北朝鮮に接近するロシア

二〇一四年の四月に、ロシア連邦議会は旧ソ連時代の北朝鮮の債務約一〇〇億ドルの免除を決定している。二〇一四年四月二十一日付のロイター通信によると、ロシアのストルチャク財務次官は国内メディアに対して、返還免除により韓国に通じるガスパイプラインや鉄道建設などのプロジェクトの資金面の問題が解決するとの見方を示し、政府系天然ガス大手ガスプロム社が、北朝鮮経由で韓国までガスパイプラインを敷設し、年間一〇億立方メートルのガスを輸出することを計画しているという。

このことは、ロシア経済のアジアシフトが中国一辺倒ではなく、多様なチャンネルを構築しようとしているのを示唆している。

日本と北朝鮮は二〇一三年十月以降、公式、非公式の対話が行なわれており、二〇一四年五月二十六日―二十八日の、ストックホルムでの外務省局長レベルの協議が実現した。

これら一連の北朝鮮を巡る日露の動きは、中国から距離を置きつつある北朝鮮をより中国から引き離し、中国へ政治経済関係をシフトさせようとしている韓国への警告にもなり得る。北朝鮮が日本にコミットすればするほど、日米から見れば韓国のリムランドとしての重要性は希薄となり、韓国そのものの基盤が崩壊する可能性が出てくるのだ。

ロシアにとっても、中露関係で優位に立っている中国から、北朝鮮を分断することでバランスを保つこととなり、日本にとっても北朝鮮と韓国を中国から分断し、中国を孤立させることで、その膨張を防ぐ戦略の一環として有力な手段になる。

そして、ロシアの北朝鮮債務免除と、北朝鮮へのパイプライン敷設の先には、大量消費国日本が控えている。

ロシアには日本の協力が必要だ

日本のＬＮＧ（液化天然ガス）購入量は、世界のＬＮＧ出荷の約三分の一を占めている。二〇一三年は原発稼働停止で減少した電力を補うために、過去最高となる七兆六〇〇〇億円を費やしているのである。

ロシアにとって日本向けのガス輸出は、経済効果のみならず外交的に見てもその選択肢を増やすためにも重要である。日本にとっても中露が結んだ四〇〇〇億ドルの天然ガス供給契約は有利に働き、エネルギー安保にとっても重要な事柄である。

二〇一四年六月九日付のロイター通信によれば、ロシア政府系ガスプロム社は中国へのガス販売価格を公表していないが、業界関係者によると一〇〇万英サーマルユニット（水一ポンドを華氏一度上昇させる熱量の単位＝二五二カロリー）当たり約一〇・五ドルで、現在アジア向けスポット価格の約一三ドルを大きく下回るとしている。

従って、今後ロシアからパイプライン経由で中国にガスが送られるようになれば、新たなガス価格の指標が形成される可能性があり、価格押し下げが期待できる。価格が下がれば、世界最大のＬＮＧ輸入国である日本は最大の利益を得るだろう。

このような一連の動きを見れば、日本とロシアが接近することは、互いにウィン・ウィンの関係であり、これまで述べてきた地政学的戦略論からすればロシアは必然的に日本を頼らざるを得ない条件が揃っている。その最たるものはロシア経済は、石油・天然ガスに依存しすぎており、そのために価格が自分では決められない状況にあるということだ。

ロシアはこれまでパイプラインを敷設して恒常的に同じ相手に天然ガスを売ってきた。ロシアが決まった相手に買ってもらうしかないとなる一方で、購入側はさまざまなオプションを持って輸入ができる。だがロシアには天然ガスしか売り物がなく、パイプラインを敷設していれば買い手を固定化せざるを得ない。そのためロシアに価格の決定権はなくなるのである。従って、このままではロシア経済は自らの決定権を持たず、相手国の都合に合わせざるを得ないのだ。

製造業が小さな利益を積み上げることで成り立つのに対し、資源輸出は価格が上がれば簡単に巨富を手中にできる。だが正反対のことも起き得るのだ。ロシアが陥っている状況は「資源の呪い」または「レンティア国家（天然資源等によるレント収入で経済を賄っている国家）」と呼ばれている。これは資源があるがゆえに経済が歪《いびつ》になり、成長ができなくなる現象に嵌《はま》り込んでいることを指す。

ロシアは日本の協力が必要で不可欠なことは認識しているはずである。外資と新技術を導入しなければ困難なシベリア開発をはじめ、ロシアの製造業が国際競争力を持てるように育成する等、ロシアの生き残りをかけた長期戦略は、日本の協力なくして成り立たないとする根拠は、これらの状況等を踏まえてのことである。

ロシアは必ず日本に近寄ってこざるを得ないだろう。その時こそが、北方領土問題も含めて日本に有利な外交交渉を展開する絶好のチャンスとなる。日本はその時まで事態を冷静に見つつ、戦略の軸足を欧米側に置いて、自己の外交政策を貫いていくことだろう。

第二章

海を塞ぐ日本列島は中国経済発展の障害か

急速に発展を続ける中国・上海

中国の列島線と真珠の首飾り戦略

中国が出した「赤い舌」

中国を中心として、台湾からフィリピン、さらにブルネイに南下し、マレー半島の東側を北上してベトナムから海南島《かいなんとう》にいたる海域に線を引いてみたらどうなるだろうか？

その形は中国からズルッと伸ばした舌の形になるだろう。そのことからこの地域を、共産主義を象徴する赤い色から「中国の赤い舌」と呼ばれている。赤い舌に囲まれた中にはスプラトリー諸島（南沙諸島）とパラセル諸島（西沙諸島）がある。現在中国はこの海域を自国領土だと主張しているのだ。

一九九二年に中国が制定した国内法「領海法」では、一方的に尖閣諸島、南沙諸島、西沙諸島の領有権を主張するだけではなく、南シナ海においては大陸棚の自然延長を理由にして、沖縄近海の海域までの管轄権を主張している。さらには二〇〇七年十一月、「赤い舌」の海域に「三沙市《さんさ》」を設定すると発表した。三沙市の行政区域は、西沙諸島、中沙諸島、南沙諸島にある二六〇もの島やサンゴ礁を含んだものだ。

二〇一二年七月になると、市長を選出して三沙市を正式に発足させ、実効支配を強化した。中国の発表によると、海産物を含む食料品などの物流を、西沙諸島に一番近い海南島の文昌《ぶんしょう》市に拠点を置き、物流基地を整備するということだ。だが、現実はここから軍が出動し、さまざまな軍事活動を行なっている。当然のことながらフィリピンやベトナムが反発し、不当な行動の即時撤回を求めている。

中国が「赤い舌」を出して、実効支配を始めたのはベトナム戦争中のことだ。

仏領インドシナと呼ばれたベトナム、ラオス、カンボジアは、日本が第二次世界大戦で敗退した一九四五年に、フランスからの独立を宣言した。しかしフランスはこれを認めず、既得権益を維持しようと軍を派遣して再度の植民地化を図ったのである。

中国で成立した中華人民共和国が、当時南北に分断されていたベトナムの北側を支持し、北ベトナムはフランスとの戦いに勝利した。代わってアメリカが東南アジアの共産化を恐れて、南ベトナムを支持。米軍が投入されて大規模な戦いになった。

このどさくさに紛れて、中国は南ベトナム領とされていた西沙諸島を占領してしまったのである。島を守っていた南ベトナム軍は不意を衝かれ、戦闘はあったものの、撤退を余儀なくされてしまったのである。

一九七三年にはパリ和平協定が結ばれて、米軍がベトナムから撤退すると、一九七五年に北ベトナム軍は南ベトナムの首都サイゴン（現ホーチミン）を陥落させ、翌年には北が南を併合して現在のベトナム社会主義共和国が誕生した。このような経緯をたどり、ベトナムは内戦中に中国から支援を受けたため、西沙諸島を占領されたことに抗議ができないでいたのである。

南沙諸島を実効支配した中国

一九九一年に中国は、同じように相手が弱体化した隙に島を占領するという行為を再度実行に移した。今度の標的はフィリピンだった。

フィリピンに駐留していた米軍は、一九九一年のピナツボ火山の大噴火によって大きな被害を受けていた。さらにはソ連の崩壊で緊張が緩和されたことがきっかけとなって、フィリピン議会が米軍基地撤退を議決し、フィリピンから米軍が撤退したのである。

スービック湾の米海軍と、クラークフィールドの空軍基地が廃止されたとたんに、中国はフィリピンが領有する南沙諸島に進出し、島に軍事基地にもなるような建造物を構築して支配を固めていったのである。さらに中国は、フィリピンが実効支配しているミスチーフ諸島、スカボロー環礁などを占拠。中国人漁民を住まわせるなど、既成事実を作り上げ、実効支配を狙って着々と計画を進めている。

特にスカボロー環礁は南沙諸島全域の中央に属し、この地域の支配は戦略的に極めて重要な場所であるだけでなく、フィリピンがここを失えば、領海の三八％、さらには五〇万平方キロメートルにわたる排他的経済水域（優先的に資源を活用できる水域）を失うことになる。フィリピンにとっては実に死活的な問題なのだ。

親しいフィリピン人の学生が、この問題について「中国のこの行為を日本になぞらえてみれば、突然に中国が瀬戸内海の島の領有権を主張して勝手に入り込み、ここは俺たちの領土だから、瀬戸内海全域は中国のものだと主張しているのと同じことだ」と言っていた。フィリピン人がこう受け取るのも無理はない。

南沙諸島の領有権問題が起こったきっかけは、第二次世界大戦後の一九五一年である。この年日本は、第二次世界大戦で交戦した各国と講和条約を結んだ。戦争中、この地域を

中国の赤い舌

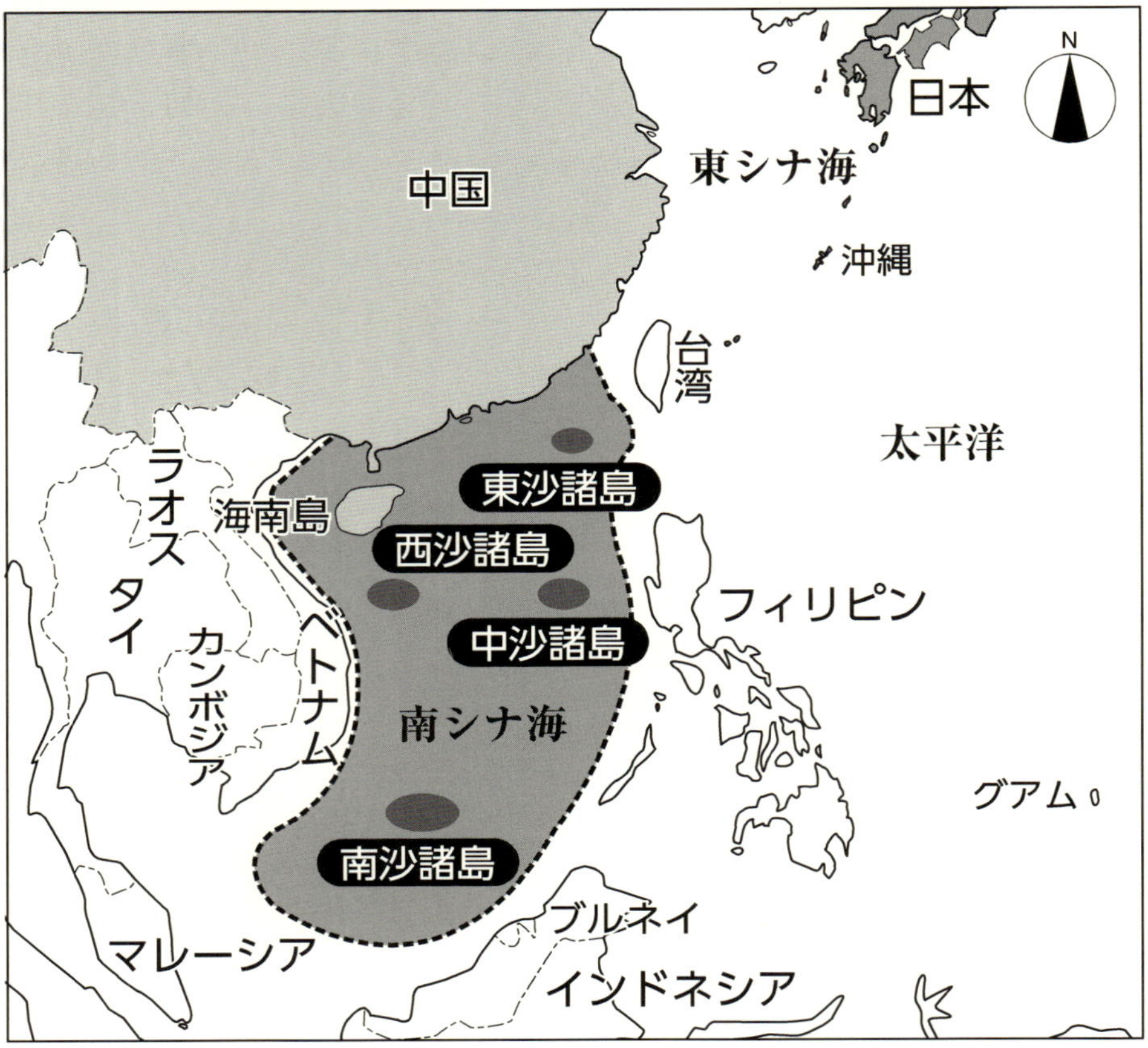

占領していた日本は、講和条約調印によって領有権を全面的に放棄した。その結果、力の空白ができ、周辺各国が次々と領有権を主張し始めたのだった。

一九五一年には、まずベトナムが南沙諸島の領有権を宣言。八月には中国が四島の領有権を主張した。一九五六年五月、フィリピンが南沙諸島内の無人島の領有を宣言。その直後の六月には、フィリピンが南沙諸島内に滑走路を建設し、兵士や漁民を住まわせる行動に出たことが刺激となって台湾が派兵した。

現在は中国、台湾、フィリピン、マレーシア、ブルネイ、ベトナムの六ヵ国が係争中である。中でも歴史的な背景も絡んで、中国とベトナムの争いは激しく、一九七四年と一九八八年に軍事衝突にまでいたっている。ベトナムはベトナム戦争遂行上、中国からの援助を必要としていたので、軍事衝突の件は表ざたにしなかった。だが、二〇〇九年九月ベトナム政府が戦闘の模様を動画その他で公表し、この問題に対して正式に中国と争うことを表明している。

南シナ海の南沙諸島支配を着々と進めている中国からすれば、「赤い舌」の中に入れている地域は現在の中国を支える生命線として極めて重要だ。

何よりもまず、南沙諸島周辺海域は中国にエネルギーを運び込む輸送ルートである。このルートが途絶えれば、中国の産業はたちまち立ち行かなくなって、経済成長どころではなくなる。また、この海域は、世界の貿易用船舶の約二五％が通過するとされ、石油資源の海上輸送など通商上の価値が高い。

このことを逆に見れば、この海域は中国の成長戦略のアキレス腱にもなり得るのだ。二〇〇にもおよぶというこの海域の島や岩礁を手に入れて、思うがままに利用できれば、中東、アフリカ地域からのエネルギー供給ルートの安全が確保できる。これに加えて一九七〇年代後半になって、この海域一帯の海底で油田と天然ガス田が発見された。この海域に眠る石油資源は二〇億から二〇〇〇億バーレルともいわれ、もっとも魅力的であるのは海底が大陸棚になっていて浅く、採掘コストが安く見積もられるところだ。

だからこそ中国は、自前の石油資源が確保できるこの島々の支配権を、何としてでも獲得しなければならない。中国は繁栄のために立てた長期戦略上の視点から、この地域の支配を核心的利益と決め込んでいるのだ。

中国の「真珠の首飾り」戦術

中国は安定した石油資源輸送ルートを確保するために「赤い舌」を伸ばした。だが「赤い舌」海域の地図を見ると一目瞭然だが、輸送ルートはマラッカ海峡からさらに西に延び、インド洋からアフリカ大陸、さらには中東の石油輸出基地ペルシャ湾にまで伸びている。

ここで中国にとって問題になるのはインドの存在である。インドと中国はヒマラヤを挟んで国境問題を抱えており、これまで何度も軍事衝突があった。中国から見たインドは生存圏拡大の障壁となっている国であり、海洋権益の獲得の上でも大きな壁となっている。

中東、アフリカからの海上輸送には、必ずインド洋を通過しなければならず、マラッ

インドを包囲する中国の真珠の首飾り

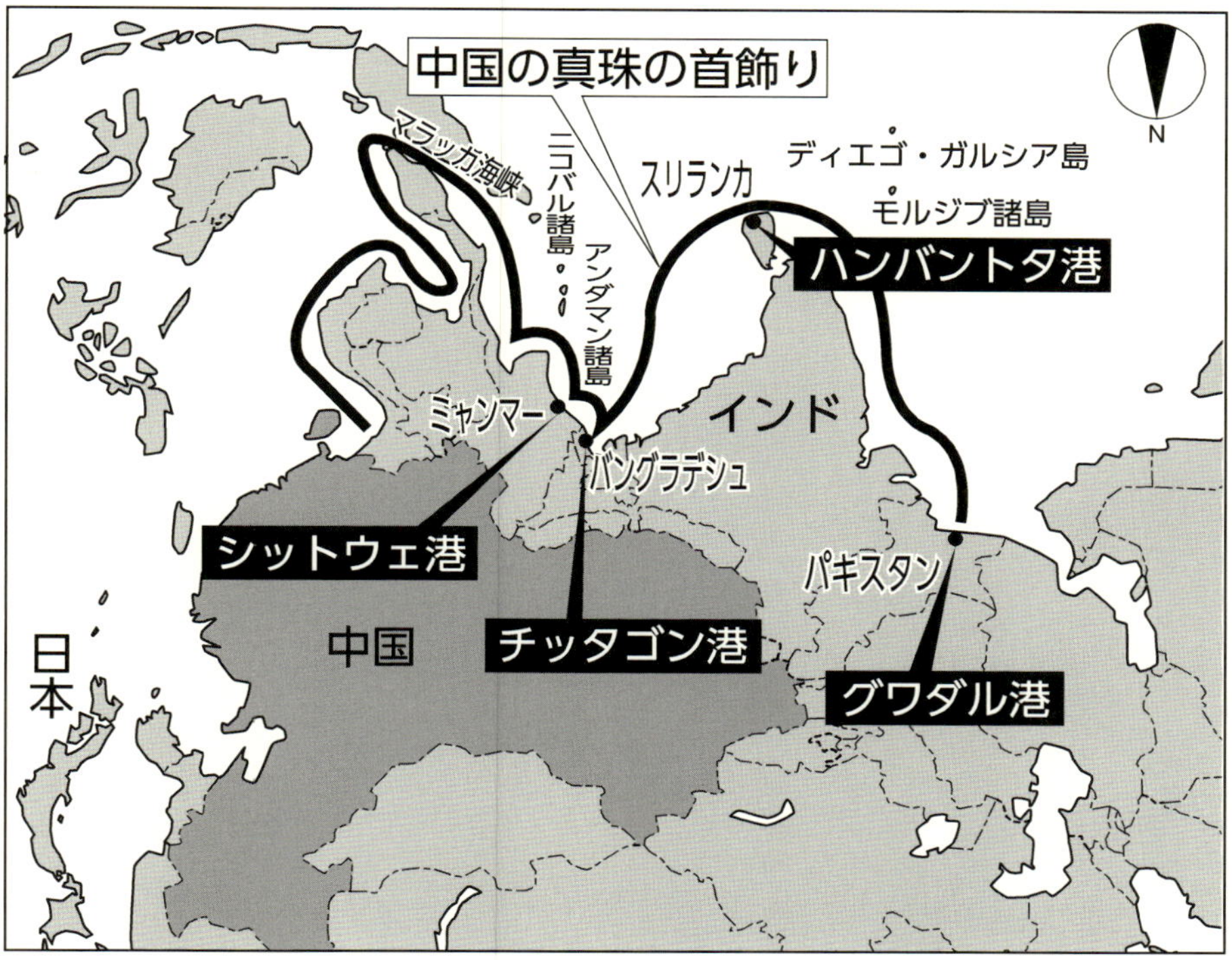

カ海峡にはインドの海軍拠点が存在している。その上にあるアメリカの軍事基地ディエゴ・ガルシア島の存在も大きい。従って、中国の次なる目標はインドを軍事的に封じ込め、シーレーンの安定確保を図ることにある。そうなれば、「赤い舌」の実効性が増すのである。

そこで中国が着々と進行させているのが「真珠の首飾り」戦略だ。中国はインドと対立しているパキスタンと友好関係を結び、グワダル港の港湾施設を一新させた。

さらにはミャンマー、バングラデシュ、スリランカにも投資して港を整備している。これらの国々と中国が整備した港を線で結ぶと、インドをグルッと取り囲む真珠のネックレスのような形になる。つまり、インドの首に下げられた首飾りが完成すると、インドは首根っこを押さえ込まれ、封じ込められてしまうのだ。

中国が展開する「真珠の首飾り」戦略で、もう一つ注目すべきは、ベンガル湾、アンダマン海における動きである。この海域はマラッカ海峡の出入り口を扼《やく》する戦略的に重要な海域で、ベンガル湾とマラッカ海峡を分かつ位置にインド領のアンダマン諸島、ニコバル諸島があり、インド本土からは遠く離れているが、インドネシアとミャンマーには至近の距離にある。

アンダマン諸島の北にミャンマー領のココ諸島がある。中国は一九九四年に、ココ諸島をミャンマー政府から貸与され、大ココ島に海洋偵察・電子情報ステーションを、小ココ島に基地を建設しているといわれる。これらの施設は、その位置から中国にとって戦略的に極めて重要である。

インドの「ダイヤのネックレス」戦略

現在までのところ、中国海軍にはこれらの数珠繋ぎの「真珠」を利用して、アラビア海

インドが掛けたダイヤのネックレス

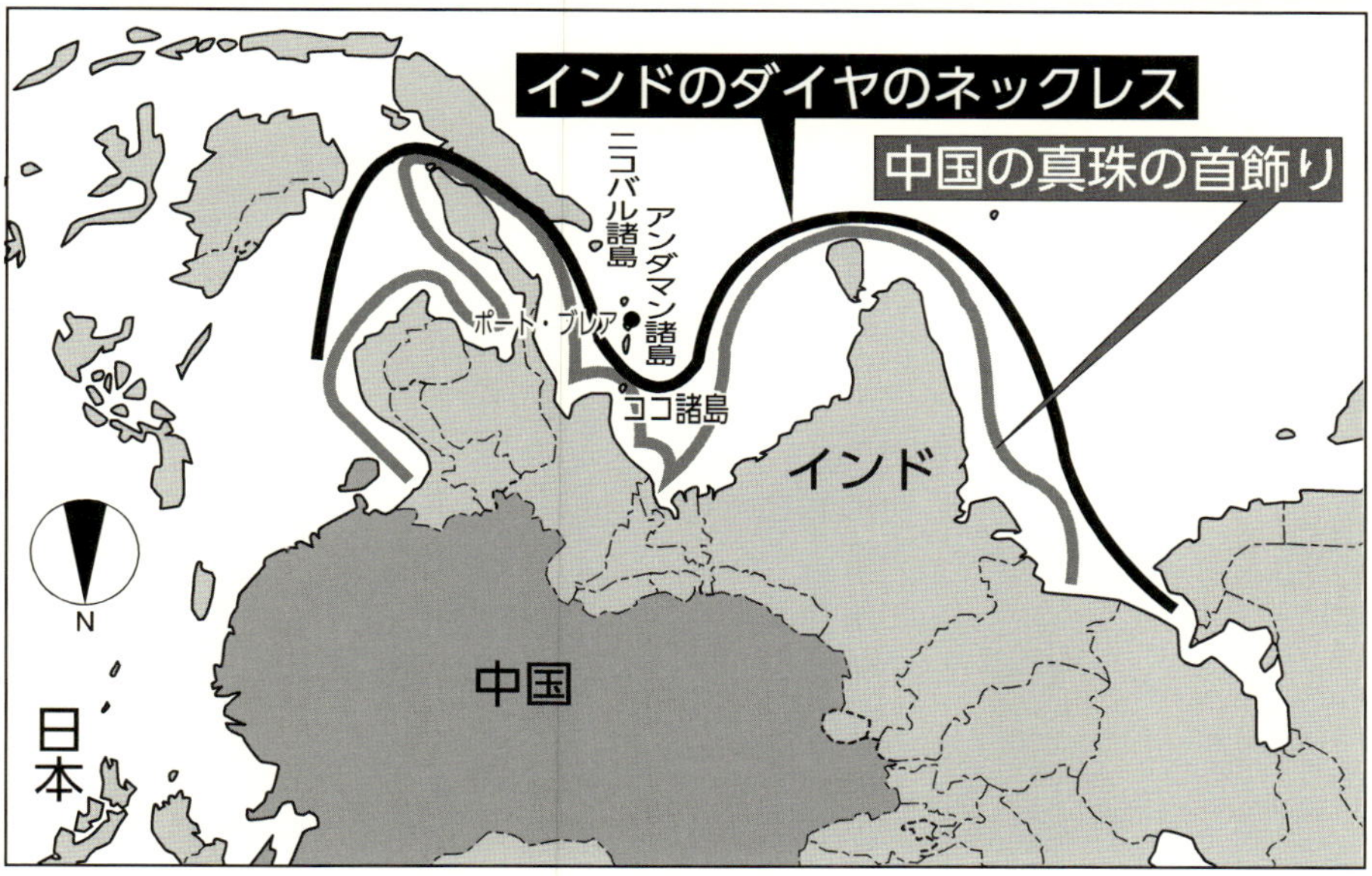

やアンダマン海周辺に常駐的なプレゼンスを維持する能力はないと見られるが、二〇〇五年十一月から十二月にかけて、中国海軍のミサイル駆逐艦が補給艦を伴ってインド洋においてパキスタンとインドの間で合同軍事演習を実施した。

二〇一三年には、中国の潜水艦がスリランカのドックに入っていた。これはインド洋の港に、中国の潜水艦が公式にドック入りした最初の事例となった。二〇一四年の初めには中国初の原子力潜水艦のパトロールがインド洋で実施された。こうしたパトロールは中国海軍の作戦領域が大幅に拡大したという象徴でもある。中国海軍のこの海域における活動が活発化しつつあるのだ。

一方のインドも、この海域での中国の動向に対応して、南アンダマン島の州都ポート・ブレアを拠点として、インフラの整備とともに海軍の活動を強化しつつある。

インドはアフリカ東部や東南アジア諸国との連携を強め、さらにアメリカや日本と協力して「真珠の首飾り」の外側を包囲する「ダイヤのネックレス」戦略を執っているのだ。

アメリカは真珠とダイヤの鎖が重なり合うミャンマーに急接近し、金融、投資、貿易面での規制緩和に踏み切った。ミャンマーには、これまでは中国と深く結び付いた軍事政権が続いたため、アメリカをはじめ日本などの西側先進国が経済制裁を行なっていた。だがミャンマーは、二〇一一年三月に軍事政権を脱して、中国離れを加速させてきている。

日本、アメリカ、インドは、ミャンマーの中国離れを加速させるために、今後なお一層のミャンマー援助を行なうことになるようだ。そうなれば「真珠の首飾り」の重要な一粒が取れて、首飾り全体がバラケてしまう可能性も出てきている。

アベノミクス外交の中国包囲網を作るダイヤモンド戦略

日本が死守せねばならない海上輸送ルート

中国が南沙諸島を確保し、さらにインド洋に進出し、インドを取り巻く「真珠の首飾り」戦略を遂行。それに対抗して、インドはそれを大きく包み込むような「ダイヤのネックレス」戦略を計画している。

この「ダイヤのネックレス」に繋がる大構想を、着々と推し進めている国がある。それは日本であり、安倍首相が積極的に推し進めている新しい外交・安全保障戦略「ダイヤモンド防衛構想」だ。

これまで、中国大陸を中心に据えて地図を見た場合の分析をしてきたが、今度は日本を中心として地図を見てみると、改めて感じるのは日本が広大な海洋の中にあり、海を通じ

日本の生命線である原油の海上輸送ルート

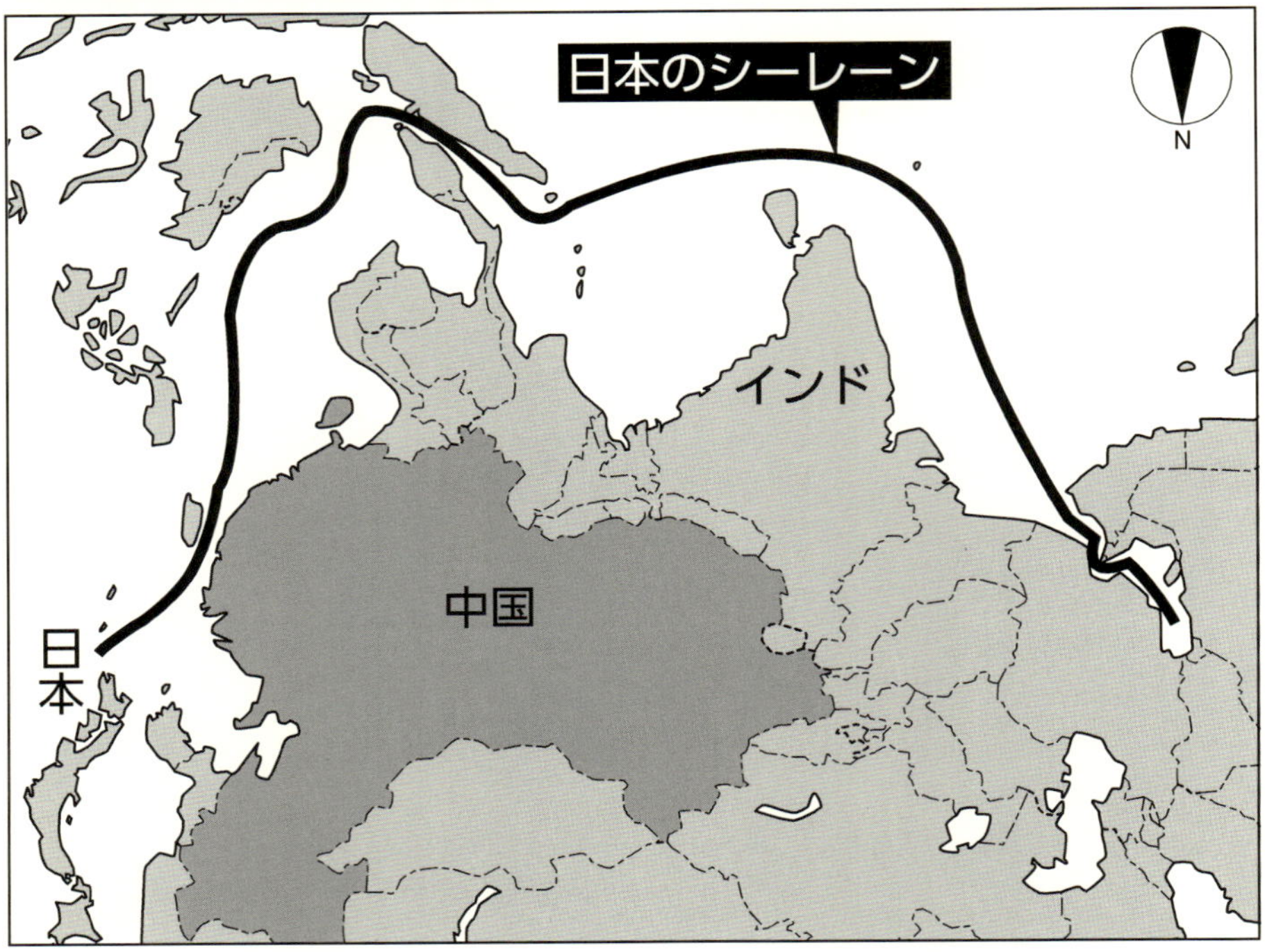

て全世界と繋がっていることだろう。

もう一つ感じるのは、日本の国土が狭く、ほとんどが山で平野が少ないということだ。この中で一億二〇〇〇万人が生活しているため、当然のことながら生活物資の多くは外国から輸入しなければならない。

外国から物資を買い入れる資金の調達には大変な努力を必要とする。そのため日本は外国から資源を購入し、それを加工した物を輸出して資金を稼ぐという方式を執ってきた。

日本船主協会二〇一二年の資料では、日本の海上貿易量の合計は約九億六〇〇〇万トンで、輸入は七億九〇〇〇万トン、輸出は一億六〇〇〇万トンとなっている。

この数字でもわかるように、日本は輸入量の二〇%の量を輸出して経済を成り立たせてきたのだ。日本は付加価値をつけて輸出し、経済効果を上げていることがよく理解できるだろう。

つまり、こういうことだ。日本にとって海上輸送ルートの確保は生命線であり、海上輸送ルートの自由航行と国際法上の約束事は、何が何でも守らなければいけない日本の最重要問題なのだ。この視点からすると、中国の一連の動きは日本の利益と衝突せざるを得ない。この状況の下で、日本が生き残るためにやるべきことは何かということが真剣に問われているのだ。

中国を名指しで批判した「安倍論文」

日本ではほとんど知られていないが、このことを明確に述べた安倍首相の論文がある(原文は英文)。それは第二次安倍内閣の発足直後の二〇一二年十二月二十七日付で、チェコに本部を置く国際言論NPO団体「プロジェクト・シンジケート」で発表された「Asia's Democratic Security Diamond＝アジアの民主主義防護のダイヤモンド」という論文だ。

この中で安倍首相は中国を名指しで批判し、尖閣諸島を標的とした中国の挑戦を退けるための方策を述べており、歴代の首相の中でも異例とも言える過激な表現と内容になっている。

プロジェクト・シンジケートは日本を含む世界一五〇ヵ国以上の新聞社、通信社と提携し、投稿を配信する媒体である。寄稿者には元ソ連大統領のゴルバチョフや元アメリカ大統領のジミー・カーター、投資家のジョージ・ソロス氏、マイクロソフト社会長ビル・ゲイツ氏等の世界的に影響力を持つ人物が名を連ねている。

だが、日本のメディアでは、安倍首相が世界に向けて発信した内容をほとんど紹介していない。一説によると、その内容があまりにも過激なためだともされている。

ともあれ、私の手元にある原文を基にその内容を紹介しつつ、果たしてこの政策で安倍政権の目的が達成できるかどうかを、現実的側面に照らし合わせながら見ていこう。

この論文の冒頭では二〇〇七年夏、第一次安倍内閣時代にインド国会で演説した内容を披露し、インド洋と太平洋を結ぶ自由な航行を基軸としたインドとの連携が、今後の両国にとっていかに重要かを訴えたことを述べている。そして、この直後に名指しで中国批判が始まる。

「にもかかわらず、南シナ海はますます〝北京の湖〟化しているような感がある。このことについて専門家は、中国はかつてオホーツク海がソ連の海になっていた状況を再現しようとしていると分析している。すなわち南シナ海は人民解放軍海軍の核弾頭を搭載した攻撃型原子力潜水艦基地となる十分な深度がある。そして間もなく解放軍海軍の新しく建造された航空母艦も一緒になり、中国の隣国をますます恐れさせることになる」と安倍首相は明言しているのだ。

南シナ海の現状をオホーツク海になぞらえたことは、この論文の主旨を明確に表している。オホーツク海の地図を見ると、オホーツク海は北海道の北に広がり、西はサハリン、東は北方領土とカムチャツカ半島に繋がる千島列島に囲まれた海である。

冷戦当時、ソ連はオホーツク海に核ミサイルを搭載した原子力潜水艦を多数展開させ、日本および在日米軍に圧力をかけていた。だが日本は高性能対潜哨戒機P3Cを一〇〇機以上導入。アメリカ以外では最大の機数を保有し、さらには情報システムを随時改善して最新設備を整えることで、ソ連の潜水艦の動きを封じ込めた。

この実績を基に、南シナ海の状況をオホーツク海と対比することで、ソ連海軍の原子力潜水艦を封じ込めた実績を持った日本が、近代化しつつあるとは言え、それよりはるかに劣る中国海軍には十分対応できるというシグナルとなっている。

さらには南沙諸島の領有権問題で、中国の軍事的な威嚇《いかく》に対峙している東南アジア諸国に対して、日本と連携すれば中国の威嚇を過度に恐れる必要はないという精神的バックアップともなる。その具体的な表れとして、日本政府は外洋巡視船一〇隻を、スカボロー環礁を中国に占拠されているフィリピンに供与する。

安倍論文は、中国が法に基づかず、軍事的な威嚇によって南シナ海の現状を変更しようとしているとの状況認識を示した後、続いて東シナ海での中国の圧力を断固跳ね返す覚悟を語る。

「(南シナ海において、中国の軍事的圧力と威嚇による島の実効支配が進んでいること)このことが東シナ海にある尖閣諸島周辺で、連日行なわれている中国政府による圧力の行使に、日本が絶対に挫《くじ》けてはならない理由である。事実、人民解放軍海軍ではない中国の法執行機関の軽武装船のみが、日本の接続水域や領海を侵犯している。しかし、このような〝穏やかな〟侵攻には誰も騙されないはずだ。これらの公船による圧力を常態化することで、中国は尖閣諸島周辺海域の領有権の既成事実化を確立しようとしている」。

つまり、中国が軍事圧力と威嚇によって、南シナ海を無法地帯と化して、フィリピン領やベトナム領の島々を占拠している現状からして、尖閣諸島周辺の東シナ海で同様な行為を行なっている中国の圧力には、日本は決して屈しない。

現在は海軍ではなく、武装公船による領海侵犯が行なわれており、軍事的圧力そのものではないが、このような一見穏やかに見える侵攻には騙されない。中国の意図は明白であり、これらの公船の圧力を常態化することで、中国は無法にも尖閣諸島周辺の領有権の既成事実化を確立しようとしているということだ。

これほどまでに中国の狙いを明確化し、これに対抗する覚悟を世界へ向けて発信した日本の指導者は戦後初と言えよう。もはや日常化している中国公船の尖閣諸島周辺海域での領海侵犯や、航空機、無人機等による領空侵犯等には真っ向から立ち向かうという、この安倍論文は中国側から見れば宣戦布告に近いものと見えてもおかしくはないだろう。

安倍政権は、中国が法を無視し武力を背景として台頭するのを、許し難いとしていることがこれでわかる。

中国が大々的に尖閣諸島の領有権を主張し、南沙諸島を中国領と宣言するまで、この海域は静かな海の道であったし、豊富な漁場でもあったのだ。特に尖閣諸島は日本の死活的利益であるシーレーンを、確実に守るためには重要な地点である。

中国に南沙諸島にまで手を広げられては、中東からの石油輸入ルートの要であるマラッカ海峡通過が困難となる。これはまさに日本の死活問題なのだ。中国の言う「核心的利益」と同じ意味を持つのは言うまでもないだろう。

インドとの連携を望む安倍首相

安倍首相は、この論文の冒頭部分で第一次安倍内閣時代の、二〇〇七年八月にインド議会で行なった演説「Confluence of the Two Seas＝二つの海の交わり」を引用している。太平洋とインド洋は一体の海であって、二つの海を自由に航行できる開かれた海にするべきであるとし、インドと日本がより一層連携する必要性を強調。尖閣を巡る中国の軍事的圧力には決して屈しない覚悟を述べ、論文では以下のように続く。

「もし、日本が（中国の圧力に）屈したならば、南シナ海は（中国によって）さらに要塞化されたであろう。日本や韓国などの貿易立国にとって、自由航行（ができるかどうか）は重大問題だ。東シナ海、南シナ海とも公海であるにもかかわらず、アメリカや日本、その他大多数の国がこの海域に入ることが困難となるからである」。

この指摘は、現在では現実の問題となりつつある。中国は尖閣諸島を含む空域に突如防空識別圏を設置し、届け出のない航空機が侵入した場合には、防御的な緊急措置を執ると威嚇した。

防空識別圏は、各国の防衛当局が領空に飛来する可能性がある航空機を識別するために設置するもので、届出なしにその空域に侵入したからといって、中国が宣言しているように、「防御的な緊急措置を執る」べきものでないことは世界的な常識である。

にもかかわらず、中国の執った措置は、防空識別圏を自国領空と同じあつかいとする宣言に等しい。となると、これを許してしまえば、中国が勝手に防空識別圏を拡大し、自国領空として無限に広げることが可能で、理論上は全世界の空が中国の領空になるまで歯止めが利かなくなってしまうだろう。

さらには、東シナ海での防空識別圏設置とほぼ同時期に、中国海軍の空母艦隊が海南島に移動した。南シナ海でも中国式の非常識な防空識別圏を、新たに設置することが確実視される等、中国は南シナ海への軍事的圧力を強める準備を着々と進めている。

言うまでもなく、この処置は太平洋とインド洋を繋ぐ東シナ海および南シナ海を「北京の湖」化することで分断する意図を示したものだと言えるだろう。

安倍論文は、今や現実となってきたこのような事態に対しての対抗策をこう述べている。

「このような進展（中国による両シナ海の要塞化）に対する不安が勃興することに対応し

て、私がインドで述べたことは、日印両政府はともに太平洋とインド洋にわたる自由航行の保護者としての重責を担うことである。（中略）現在進行中の東シナ海および南シナ海での争いは、日本の外交政策上最優先課題であり、日本の戦略範囲を広げるべきだということを意味している」として、インドとの外交・安全保障を含むさまざまな分野で、なお一層の連帯強化を強調しているのだ。

インドは一九六二年、侵入してきた中国軍との間で国境紛争があり、これ以降インドは中国とパキスタンをともに仮想敵国としている。

一九七四年、核実験に成功したインドは核保有国となったが、これは中国の核兵器に対抗するための手段であり、中国とインドともに核兵器による相互確証破壊の関係（互いに核兵器を持ち合い、先制攻撃を受けても核による報復攻撃ができる状態）が成立。インドと中国との関係はこれにより安定化した。

パキスタンも一九九八年に核実験を行なって核保有国となり、インドとパキスタンは敵対関係にありながらも、互いに軍事的なエスカレートに歯止めがかかる状態になっている。

人口と経済規模からすれば、インドは近々経済大国の位置に就くことができる存在だ。と同時に核兵器を持った軍事大国でもある。この点を踏まえて安倍論文は、インドと連携する意義を以下のように述べている。
「世界の交易品の四〇％が通過する、マラッカ海峡西端に位置するニコバル諸島から、アンダマン海にいたる東アジアの地域大国としてのインドの価値はより重要である。現在、日本は常にインドと二国間相互の軍事的対話を続けてきており、アメリカを含む三国での公式的な対話を始めている。中国はレア・アース供給を外交手段として使用したが、インド政府は政治的対立があったとしても、日本に対して希少地下資源供給の保証を表明している」。

このように安倍首相は論文の中で、地域大国であるインドに対して日本は軍事面での二国間協力はもとより、アメリカを含んだ多国間協議を継続することで、安全保障面での充実を図る。と同時に、レア・アースのような日本の産業にとっての重要資源供給を、政治的対立への圧力としては使用しないとしたインド政府を称賛。インドと連携する意義を強調しているのである。

安倍首相の「ダイヤモンド」戦略

昨今の東アジア情勢はめまぐるしく変化し、新しい潮流ができつつあると言えるだろう。

そのもっとも大きな端緒として挙げられるのが、二〇一二年の暮れから二〇一三年にかけて日本、中国、北朝鮮、韓国に、新しい指導者が登場したことである。

そして、北朝鮮を除いた各国の新指導者たちはこぞって海外に出かけ、首脳外交を展開した。それぞれが自己の世界認識に基づく外交・安保戦略を披露して、自国に有利な国際世論を作り出そうと競い合った。

中でも第二次安倍政権は発足直後に、今回取り上げた日本の外交・安保政策に関する論文を世界に向けて発表し、その趣旨に見合った活発なアジア外交を推進。第二次安倍政権の閣僚として、岸田外相が最初に訪問したのはフィリピンであった。このことに象徴される安倍政権の外交姿勢は、中国を除く大陸周辺国に向けられており、尖閣を巡る中国の態度についての基本的なスタンスを明確に示すものであった。

その上で日本はアメリカを筆頭にカナダ、オーストラリアなどのシーパワーとの関係を強化することが緊急の課題となってくる。その点について安倍論文ではこう述べている。

「日本は成熟した海洋民主主義国家であり、親密なパートナーの選択にはこの事実が反映されるべきである。（このことを念頭に置いて）私はオーストラリア、インド、日本そしてハワイ（を結ぶ線）でインド洋地域から西太平洋にいたる、ダイヤモンドの形をした海洋交易の安全を守る戦略を構想している。私は（このような戦略）地域拡大の大きな可能性と、この安全保障のダイヤモンド（形成）に対する、日本の能力（向上）に投資をする用意がある」。

日本は成熟した民主主義国家であり、海洋国家でもある。従ってパートナーとなるのは同じ条件を備えた国家群でなければならない。その意味からも、共通の土台を持つ日本、オーストラリア、インドそれぞれにアメリカのハワイを結ぶ、菱形をしたダイヤモンドの形を海洋交易保護地域に設定して、共通の利益を守っていく戦略を提言するというのだ。

安倍首相が希望するANZUK参加

安倍首相の言う戦略的パートナー・シップはさらに拡大。次のように言っている。

「私はまた、イギリスとフランスにアジアの安全強化の役割分担を担うように要請したいと考えている。（英仏両国と）はるかに海を隔てた民主主義国である日本の位置は、両国のプレゼンス再生にはより良い状態となるだろう。イギリスは今もなおマレーシア、シンガポール、オーストラリア、そしてニュージーランドの五ヵ国防衛協定（Five Power Defense Arrangements）の中心である。私は日本がこのグループに加わり、メンバーに

ダイヤモンド戦略とイギリスを中心とした同盟

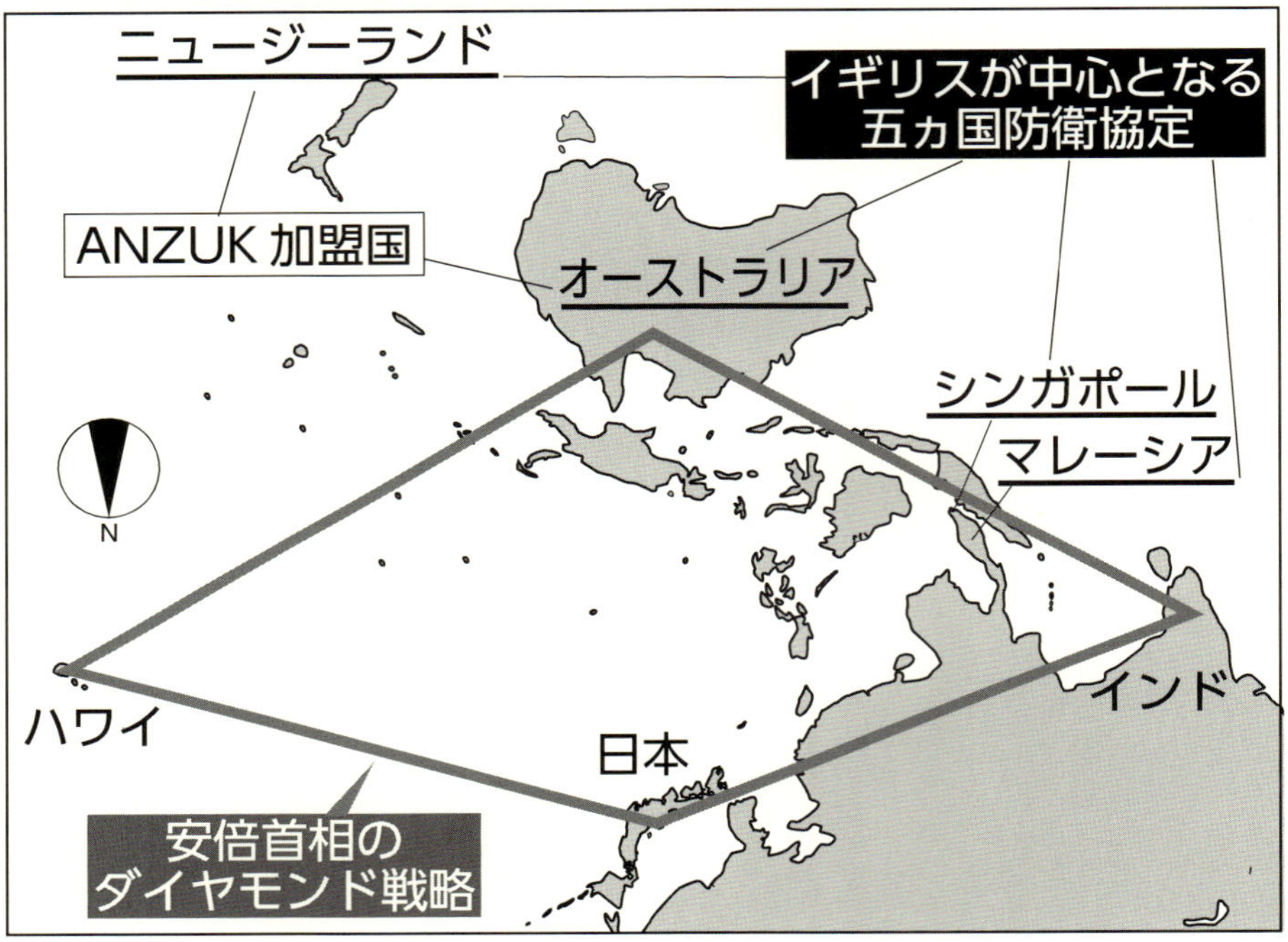

よる定例の対話集会に参加し、そして小規模な軍事訓練の一角を占めることを望んでいる。同時にタヒチのフランス太平洋艦隊が、小規模予算による作戦を行なっているが、パンチ力はその規模を上回っている」。

安倍首相が言う五ヵ国防衛協定とは、アジア・太平洋地域にある旧イギリス植民地が形成する英連邦とイギリスが、一九七一年に締結した軍事同盟のことだ。

イギリスは、一九六七年にスエズ以東から軍事的に撤退することを決定したが、当時はインドネシアの政情不安定、インドシナ半島ではベトナム戦争が本格化し、その影響でラオス、カンボジアでの共産党勢力の攻勢が強まり、冷戦の熱戦化が進行していた。

こういった状況下でシンガポール、マレーシアの安全保障上の問題が課題となった。独立直後の両国は防衛力強化の余裕がなく、その補完のためにオーストラリア、ニュージーランド、イギリス（各国の頭文字を採ってこの三国をＡＮＺＵＫと呼ぶ）の軍隊が、両国の防衛に協力することとなった。この協定では上記二ヵ国が他国からの脅威や攻撃を受けたら、他の締約国が軍隊を出動させることになっている。

バターワース空軍基地の位置

有事の際に行動を迅速にする一環として、撤退したイギリス極東軍の空白を埋めるために、七〇〇〇人のＡＮＺＵＫ軍地上部隊を発足させ、シンガポールに駐留する。さらには一九五七年以来、オーストラリア空軍が管理するマレーシアのペナン州にあるバターワース空軍基地には、マレーシア、シンガポールをカバーする統合防空システムが設けられ、オーストラリア空軍の戦闘機、

爆撃機も配備された。

だが、時代の変化とともに徐々に役割を縮小させ、地上部隊は一九八九年にニュージーランド部隊の引き揚げをもって完全撤退し、バターワース空軍基地も一九八八年にマレーシア空軍に移管され、ANZUKとしてはオーストラリア軍のP3C対潜哨戒機が駐留するのみとなった。

その一方で、一九九一年以降には、五ヵ国の国防相の会合が三年ごとに開かれて、一九九七年の香港返還を契機に、この軍事協定の役割が見直され、ANZUKの合同軍事訓練を再開。近年ではますます活発化している。

安倍論文では五ヵ国協定に参加することで、南シナ海からインド洋にいたるオーストラリア、東南アジア海域の安全確保を強調し、さらにはフランスと組んで南太平洋までの海域をその範囲に含めようとしているのだ。

ここで見逃してはならないのが、太平洋安全保障条約（Australia, NewZealand, United States Security Treaty＝通称ANZAS条約）の存在である。一九五一年九月、オーストラリア、ニュージーランド、アメリカの間で調印されたこの条約は、上記三国の軍事同盟・集団安全保障を確約するものだ。

従って日本のＡＮＺＵＫグループへの参加が実現されれば、安倍論文の言う「ダイヤモンド」が事実上形成可能となるわけだ。

このように安倍論文では、冷戦下に西側諸国間で結ばれたさまざまな軍事条約を引っ張り出し、日本がこの条約群の網の目に入ることで、中国の拡張を抑え込む地政学上のリムランドおよびシーパワーの役割を積極的に担う姿勢を貫いていると読めるのだ。

そして、論文終章部分では、この構想の要となる日米同盟のさらなる強化に努めることを強調している。中国がアメリカに対して、太平洋を二分割してアメリカと中国の二大国で支配することを提案したが、これが実現する状況となれば、日本そのものが成り立たない。このことについても、ダイヤモンド戦略はそれに対抗できる構想だとも言えるだろう。

歴史から学ぶ
中国の恫喝とメンツの裏にあるもの

中国軍と台湾軍の戦闘の実際

これまで東シナ海や南シナ海、インド洋などの島を巡る中国の行動について述べてきたが、中国はこれまでに実際に島を軍事占領しようと試みたことがあった。それは中国本土にごく近い金門島《きんもんとう》と馬祖島《ばそとう》に対してである。

台湾海峡の地図を見ればよくわかるが、両島は台湾領でありながらも、中国大陸にへばりつくように存在している。これらの島を中国側から見れば、中国大陸の喉元に突き刺さった魚の小骨のように見える。中国からすれば、実にウザったい存在なのだ。

この二つの島を巡って中国は幾度か攻勢に出たが、現時点までに成功を収めたことはない。私自身、この島を巡る攻防戦の真っただ中の金門島に取材で訪れたことがある。

金門島と馬祖島の位置

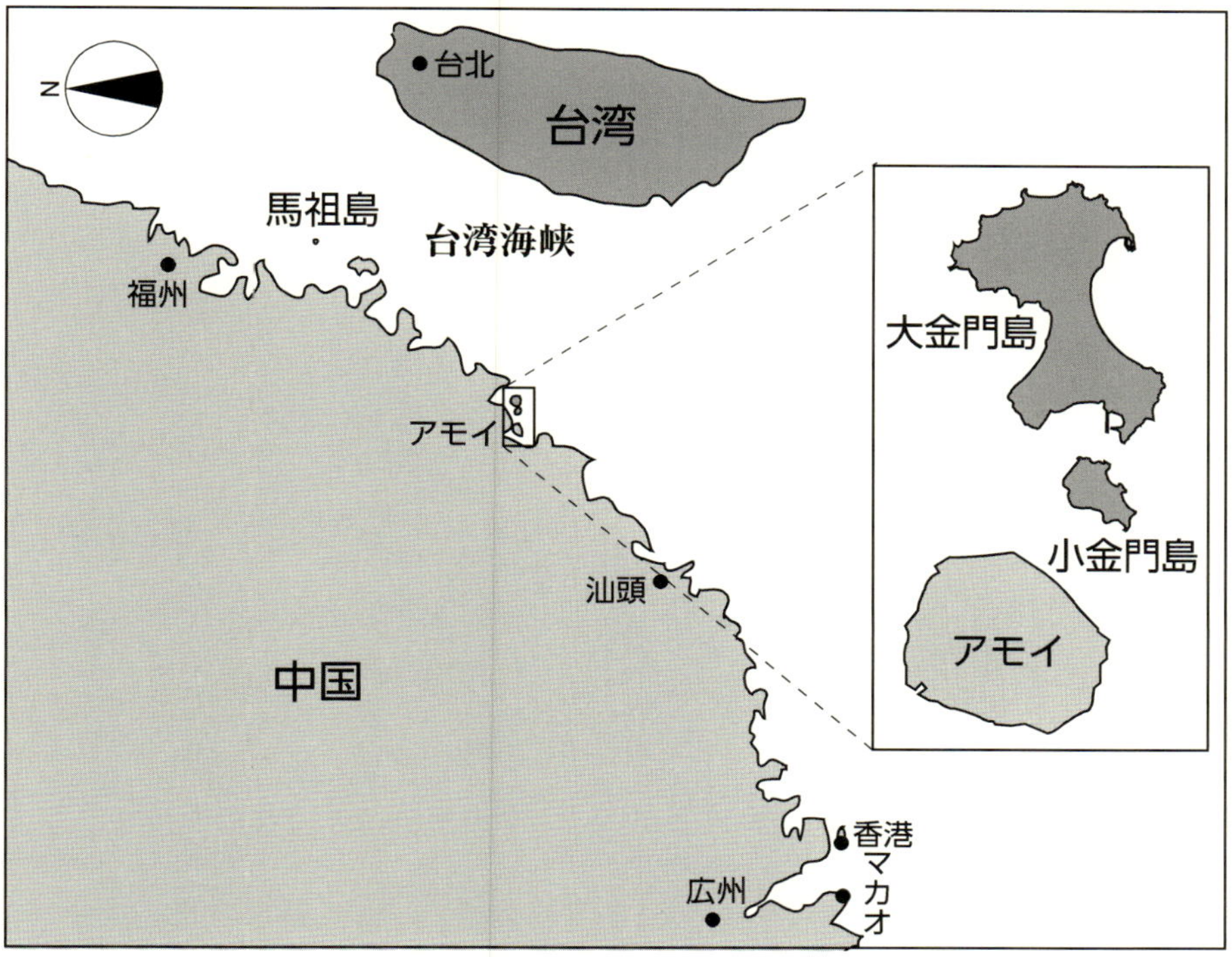

　一九九六年三月、私は中国支配地域から最短で二・一キロメートルしか離れていない台湾領金門島に滞在していた。この時台湾では、同月二十三日に実施される初めての総統選挙を目前にして、息が詰まるほどの緊張感に満ち溢れていた。指導者を住民の直接投票で選ぶこの選挙に圧力をかける目的で、中国軍の海軍部隊が台湾海峡に展開し、基隆《キールン》沖にミサイルを撃ち込むなどして威嚇。選挙妨害を繰り返したのである。

　私の取材目的は、金門島と馬祖島で中国軍との戦闘に備えて展開した台湾軍の動向と、二万人近い住民避難の実態を調査することにあった。

戦車、装甲車、完全武装した兵士の行軍、兵と軍需物資を満載し、猛スピードで駆け抜ける軍用車両、夥しい数の上陸用舟艇とそれにわずかな荷物を持って乗り込む住民たち。目の前に展開している光景は、映画で見る戦争シーンよりはるかに現実離れしているように見えた。

実力を誇示すれば中国は引く

私は、われわれ日本人には当たり前になっている「選挙」を実施するために、これほどの犠牲を払わなければいけないという現実に正直戸惑っていたのだ。

台湾に対する軍事圧力を巡って、中国軍はアメリカ政府に向けて「米軍が介入すれば、米西海岸に核攻撃を仕掛ける。アメリカ政府は台北よりロサンゼルスを大切に思うはずだ」との恫喝をかけ、対米戦争に向けての覚悟を表明した。

これに対して米海軍は、横須賀から空母キティホークを中心とする空母打撃群を台湾海峡に向かわせ、さらにはペルシャ湾に展開していた原子力空母ミニッツの空母打撃群を派遣。キティホークは北から、ミニッツは南から台湾海峡に入った。

米空母打撃群は一個で沖縄嘉手納《かでな》空軍基地に匹敵する攻撃力を持ち、中規模国家並みの打撃力を持つ。これが二個も台湾海峡に展開し、中国海軍を牽制することとなった。その結果、中国海軍は「予定通り」の演習を終了したとして、早々と港に引っ込んだのである。

総統選挙は無事実施され、反中共を唱えた李登輝《りとうき》が初代の民選総統となった。中国の圧力に反発した民意が反映され、中国の政治的手法がまったく正反対の結果を生んだ典型例だとされた。

このような民主主義的手続きを経た政治を実行するために、動員された台湾軍は延べ七〇万人であった。この事実から、中国の意に反することを周辺諸国が実行しようとすれば、コストを覚悟しなければならないという教訓が導き出される。と同時に、核攻撃の恫喝に対して、米海軍が二個空母打撃群を派遣したように、実力を誇示すれば中国は引くということが証明された。つまり、居丈高な軍事恫喝に反応すれば、相手方のペースに嵌《はま》ってしまうということである。

島を巡る争いで金門島の歴史は参考になる。中国はこれまで二度にわたって金門島を奪取するために軍事攻撃を仕掛けている。

一度目は一九四九年である。この年の十月一日、国民党軍との内戦を制した共産党が中華人民共和国を設立した。台湾に逃げ込んだ国民党軍だが、中国が支配する場所から最短二・一キロメートルしか離れていない金門島を実効支配していた。

十月二十五日、中国軍は金門島に一万九〇〇〇名の兵力で上陸作戦を敢行。中国軍に上陸用舟艇等はほとんどなく、民間の漁船等を徴用して兵員を送り込んだ。迎え撃つ台湾側の兵力は約四万、海軍力で優った台湾の国民党軍は大陸からの補給を絶ち、島の内陸部に攻め込んだ中国軍は武器弾薬の補給が乏しく、国民党軍に撃破されてしまった。

中国軍の戦死者三八七三人、捕虜五一七五人、台湾側の戦死者一二六七人、負傷者一九八二人。金門島にある戦史館にはその時の模様がつぶさに展示されている。

二度目は一九五八年八月である。中国軍は対岸のアモイから金門島に砲撃を仕掛けた。砲撃は八月二十三日夕刻から始まり、一日に五万七〇〇〇発の砲弾を打ち込む激しさであった。砲撃は十月五日まで、四四日間連続したが、その間発射した砲弾は全部で約四八万発で、台湾側の死傷者は四四〇名余に上った。

中国軍は「人道的理由」により砲撃を一旦中止すると発表したが、本当は九月に入って、台湾軍に米軍から最新鋭の八インチ榴弾砲《りゅうだんほう》が届き、アモイに向けて本格的な反撃が始まり、効果が上がってきたからであった。台湾軍はその勢いに乗ってアモイ逆上陸をも仄《ほの》めかして中国軍を威嚇。この情勢に中国政府が躊躇したというのが本音のところである。

その後、金門島に対する砲撃は散発的ではあるが、一九七九年まで続くのである。私自身も一九九六年に、アモイの砲台を取材したが、砲はコンクリートで覆われ、堅牢な造りであった。この時の感想は、中国は攻撃当初は勢いよく飽和攻撃（攻撃側が攻撃を仕掛ける際に、攻撃目標の持つ防御のための処理能力の限界を超えた量で攻撃すること）を仕掛けてくるが、これを凌《しの》いで反転攻勢をかければ、実にあっけなく萎《しぼ》んでしまう。だが問題は、メンツを保つために、しつこくやってくるということである。

金門島攻防戦の教訓を尖閣に当て嵌めて見れば、単純な結論が導き出される。それは、中国軍にとって、金門島までのたった二・一キロメートルしかない海が、とてつもなく大きい溝になっているということである。

古来ランドパワーに頼ってきた国民性は、容易にシーパワーへの変換ができない。中国の行動に対応するには、これらのことを十分に組み込んで、思考のパターンを掴んだ上で、戦略的な行動を採らざるを得ないのだ。それには中国の地政学的な位置付けを理解し、居丈高な恫喝の裏にある、ある種の怯《おび》えを見ていく必要があるだろう。

中国が拡大する本当の理由は生存権拡大の地政学

中国のトラウマになった海からの侵攻

中国が地図を逆さまに見るようになったのはごく新しく、十九世紀後半のアヘン戦争以降のことだ。アヘンを強引に売りつけるイギリス商人のやり方に業を煮やした当時の清国政府は、一八三九年にイギリス商人のアヘンを没収して焼き捨てた。これを口実にイギリス政府は清国に戦争を仕掛け、一八四二年に清国の敗北によって終わった。その結果、香港がイギリスの支配下に入れられたのである。

このアヘン戦争の顛末を魏源《ぎげん》という人が記録した、『海国図誌』（全五〇巻）が日本にも伝わり、イギリスのあざといやり方とともに、ヨーロッパ諸国の近代的軍備の実態が日本の知識層にも広まった。このショックが基で日本の明治維新への波動が始まるのである。

アヘン戦争でイギリスに割譲した香港

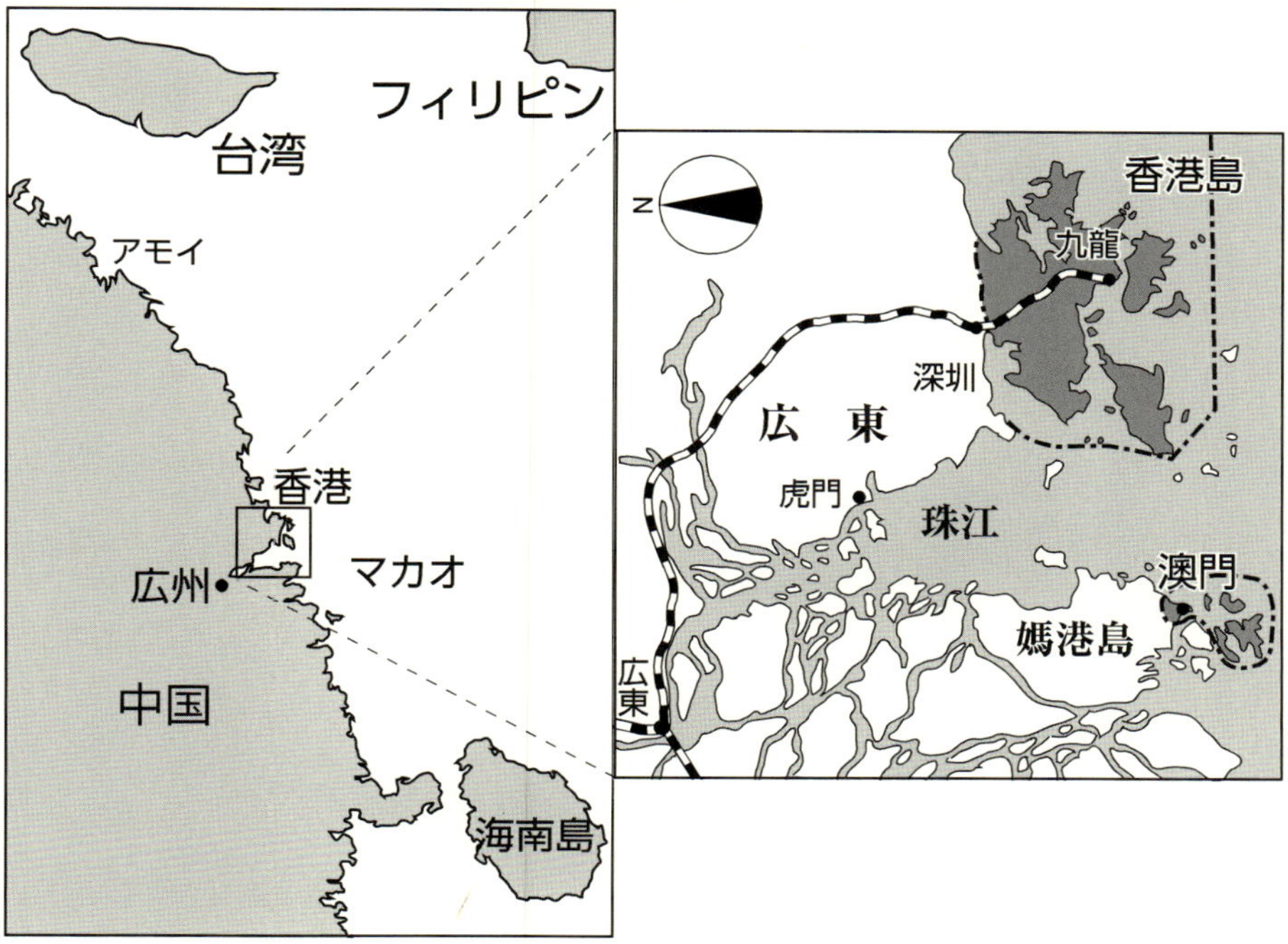

アヘン戦争が当時のアジア諸国に与えた衝撃は大きかったが、もっとも大きなショックを受けたのが、当の清国だ。理不尽でありながら、強大な力を持った海洋国家の傍若無人ぶりがその後の中国人のトラウマとして残ったのである。

その後中国は、取るに足らない小国であると思っていた新興国日本に、日清戦争であっけなく敗れてしまう。その日本も近代的で強力な海軍を持ち、強大な海上輸送力を備えていた。だからこそ中国大陸に膨大な兵力と物資を送り込むことができ、中国国内での地上戦を勝利に導くことができたのである。

アヘン戦争と日清戦争の敗北という、二

重のショックに見舞われた中国は海からの侵攻を極端に恐れるようになった。だから海を舞台にして縦横無尽に走り回って交易をしている国家に対して、敵対意識を持つようになったと言えよう。

中国が地図を逆さまに見るようになって、日本列島・沖縄・台湾・フィリピン・ベトナムに囲まれていると認識した時、これらの国々を「敵対している国家群」と見なせば、中国は外洋に出る道を塞がれていると考えるのは当然のことだろう。この連鎖の外側には、強大な海洋国家アメリカが控えており、鎖の内側にある韓国と軍事同盟を結んでいるのだ。

中国の海洋に対する基本的な認識は「敵対国に取り巻かれている」という、彼らなりの現実感覚に素直に従ったところにあると言えるだろう。従って日本との関係においては、尖閣諸島で対立姿勢を採り、台湾とは併合問題で敵対、ベトナム・フィリピンとはパラセル諸島（西沙諸島）・スプラトリー（南沙諸島）の領有権問題で軍事的な対決姿勢を一層強くしているのだ。

尖閣問題を次世代に預けた鄧小平の真意

われわれにとっての海は、世界に繋がる自由の象徴であり、共有財産であるという感覚が一般的だろう。われわれ日本人の感覚からすれば、互いに領有権を認め合い、国際法規に従って自由に航行し、互いに交易をしていけば何の問題もないというものである。しかし中国の実際の行動を見ると、海に点在する島々を「領土」と考え、その周りの海を自分の内海と考えているようである。

尖閣諸島の地理的な位置

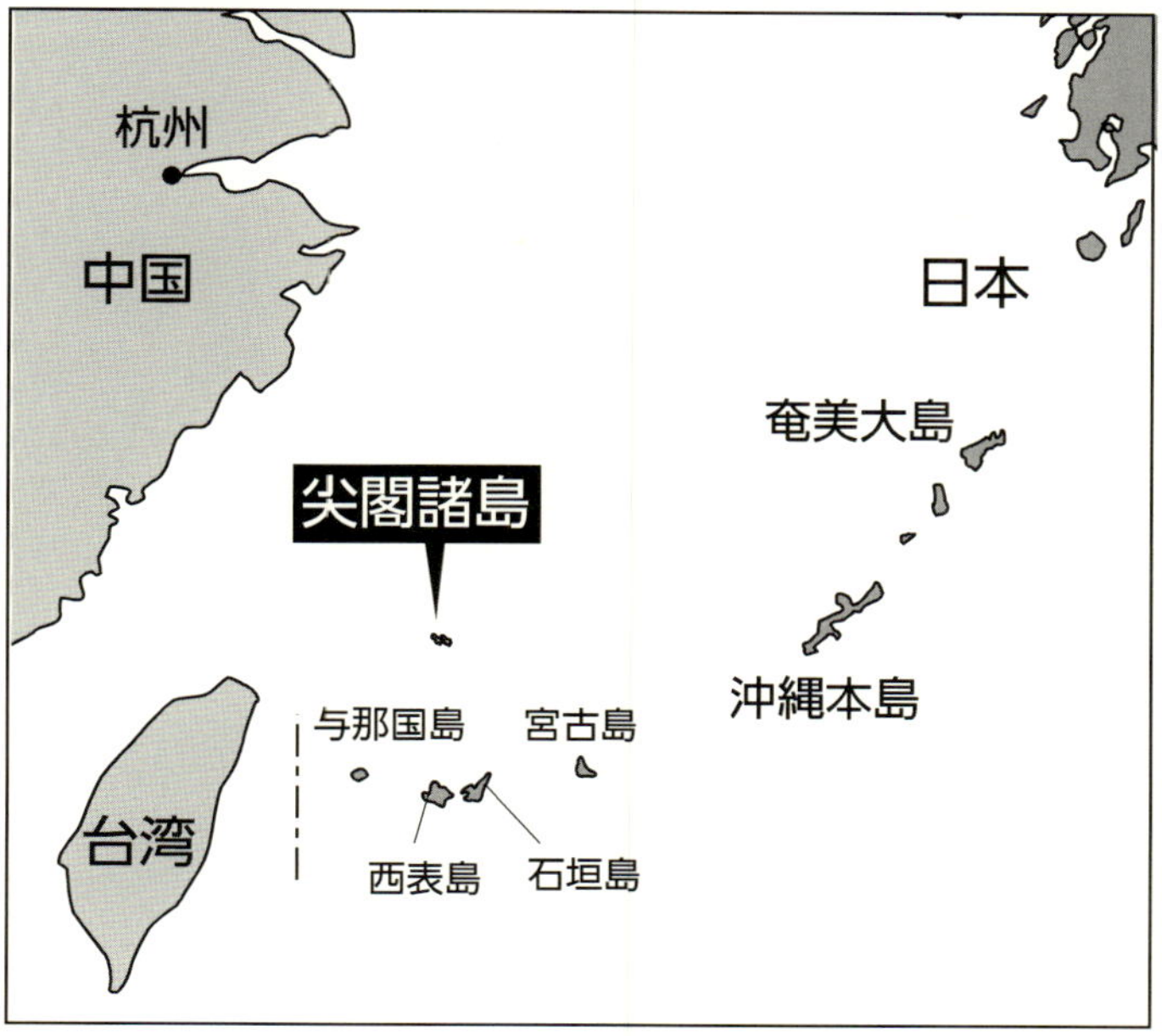

例えば尖閣諸島での中国の行動を見てみると、尖閣諸島は一八九五年一月十四日、日本政府の閣議決定によって正式に日本領と宣言して以来、現在にいたるまで日本固有の領土である。

ところが、尖閣周辺の海底に石油・ガス資源が確認されたことから、一九七〇年六月に台湾が、同年十二月に中国が領有権を主張した。それに対して日本政府は実効支配下の尖閣諸島には領土問題は存在しないという態度を執ってきた。

第二次世界大戦後の日中関係構築に、大きな節目となった一九七二年の国交回復交渉の時にも、日本は一貫して「日中に領土問題は存在しない」と主張した。だが、一九七八年に鄧小平《とうしょうへい》中国共産党中央委員会副主席は、来日する直前に海上民兵を乗せた漁船一〇〇隻以上を尖閣諸島付近に送り出し、領土問題の存在をアピールした。

当時の福田赳夫《ふくだたけお》首相との会談で鄧小平は「大局を重んじよう」と呼びかけて煙に巻き、記者会見で「われわれの世代は知恵が足りない。われわれより聡明な次の世代はみんなが受け入れられる解決策を見出して解決してくれるだろう」と述べ、棚上げ論を展開したのであった。

「尖閣列島棚上げ論」はこのような経過をたどって出てきたもので、公式の会談で持ち出した話ではない。日本政府の態度は「記者会見での発言にいちいち反論しない」というものだったのだ。

来日した鄧小平は、新幹線に乗り日本の技術力の高さに心の底から驚いた。中国は鄧小平が唱えた改革開放経済政策を推進するために、優れた日本の技術力や資金の援助が必要であり、鄧小平自身の来日体験が大きく影響し、日本との軋轢《あつれき》は当分の間は絶対に避けなければいけないことを悟った。

一方で日本側にも、中国と平穏な関係を保たなければならない理由があった。当時はベトナム戦争に敗れたアメリカが、中国と国交を結び対中国融和策を採っており、日本にも日中国交回復を迫っていた。さらにはアラブの産油国が共同して石油輸出をコントロールし、世界経済が著しく後退したオイルショック以降の経済回復のため、巨大な中国市場獲得競争に積極的に打って出る必要があったのだ。

その結果、日本としても尖閣諸島棚上げ論を黙認することになった。だがその後、中国は日本の援助による経済成長を成し遂げ、力を付けてきた一九九二年、鄧小平政権の下で尖閣諸島領有を明記した国内法の領海法を制定した。鄧小平は自身が唱えた棚上げ論を自らの手でアッサリとひっくり返したのである。

このような経緯を見れば、二〇一二年九月に民主党政権が尖閣諸島を国有化した後、にわかに中国の強硬姿勢が強まったと受け取るのは間違いである。約四〇年前から、日本の政権が自民党であれ民主党であれ、首相が誰であろうとも、尖閣諸島の領有を主張する中国の立場は一歩も後退していないという事実を、見逃してはならないのである。

中国が海洋進出にこだわる理由

問題は、なぜ中国がこれほどまでに、これまでの海洋秩序を壊して海洋進出にこだわり、領土にこだわるのかである。

これを理解するために、中国を中央に置いて地図を逆さまに見てみよう。経済成長に突き進む中国は、物資を世界中に輸出し、世界中から資源やエネルギーを輸入せねばならないのは当然で、世界に広がるグローバル化が必要になってくるのだ。

経済成長を遂げていくためには、死活的な要素である貿易ルートのシーレーン（海上交易ルート）を何としてでも確保しなければならない。しかし逆さ地図を見れば、世界から中国にいたる海の道はアメリカの同盟国に塞がれ、シーレーンそのものも強大な米海軍に牛耳られていることは一目瞭然だ。

これでは中国独自の自由な活動ができない。何としてでも自前のシーレーンを確保しなければ、アメリカ、日本などの海洋国家の言いなりになってしまう恐れがあり、そのために拠点となる島を確保し、その周囲に敵対するシーパワー国家を近づけないようにしたい……これが中国の基本的な姿勢だと見るべきだろう。

実を言うと、今から一〇〇年前、このように考えて第一次世界大戦という大戦争の火種を作った国があった。それが第一次世界大戦前のドイツ（プロシャ）である。

当時プロシャはドイツ統一戦争を遂行しており、その過程でオーストリアと戦った普墺《ふおう》戦争、フランスと戦った普仏《ふふつ》戦争に勝利して経済成長を遂げていた。国内統一に成功し経済力を増したドイツは、世界を相手に交易するようになるが、この時ヨーロッパのランドパワーであったドイツにとって邪魔になったのが、当時の海洋国家（シーパワー）イギリスであった。

ドイツを中心にして逆さに地図を見れば、ドイツは東ヨーロッパからロシアの大平原に地続きであるが、西側はフランスに阻まれている。ドイツの北側には海があるが、東側のバルト海はデンマーク半島とスウェーデン、ノルウェーによって通過できる範囲は狭められている。西側の北海への出口にはオランダが横たわり、さらに、狭いドーバー海峡を隔ててイギリスがあり、イギリスの監視なしに広い大西洋に出るにはイギリスとノルウェーの間をまっすぐ北上しイギリスの北を迂回する航路しか残されていない。

ドイツはイギリスと激しい軍拡競争を行ないつつ、海外進出を試みるというグローバル化が、イギリスや他のヨーロッパ諸国と激しい軋轢《あつれき》を生み、軍事的緊迫化を招くこととな

ドイツの大西洋への出口

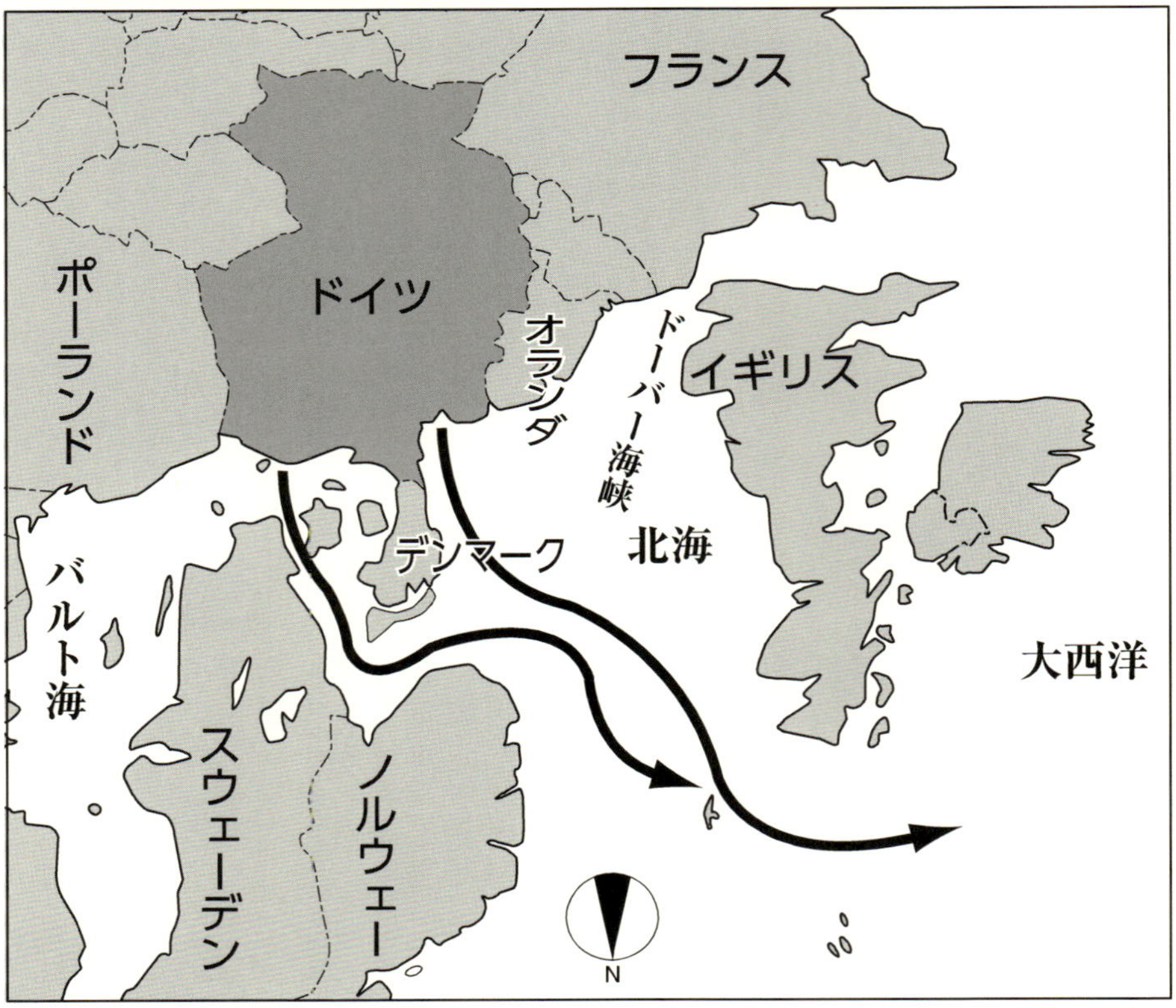

る。その結果第一次世界大戦の火種となったのである。

かつてのドイツがそうであったように、中国は自国を安定した豊かな国にするために、自己の基本方針を断固として貫き、着実に計画を進めていこうとするだろう。このような中国のグローバル化という視点で見ると、時間が経てば経つほど日中関係が緊張するのは当然であるのは、ドイツの例に見たように歴史的な流れと言えよう。

だから、中国と対話のみで問題が解決できる。もしくは解決しなければならないと思うのは、戦後日本特有のリアルな歴史認識を欠いた感性からくる願望でしかない。

歴史的事実から学ぶことは、対話は一時的な対症療法であり、歴史トレンドの根本的な認識を欠いていれば対話さえも成り立たないのが現実的な状況だと思うべきだろう。だからといって軍事的な対立を優先課題とすべきだとしているわけではない。要は基本的な歴史の流れをしっかりと把握して、対話を成立させるための選択肢をできるだけ広げる戦略的な対話の方法を考えるべきなのだ。

シーパワー的発想も持ったランドパワー国家中国

これまで述べてきたように中国にせよドイツにせよ、大陸国家が逆さまに地図を見るようになった時、必ずと言っていいほど、海洋国家に取り囲まれているから自由に海外進出ができないと考え、既存の海洋国家と対決姿勢を執る。

そして、海洋に浮かぶ島を領土にして、そこを軍事拠点にして自己の勢力を徐々に拡大していこうとする傾向がある。これは東シナ海や南シナ海の中国の現実の行動を見れば説明するまでもないだろう。

領土にこだわる中国の、このような行動を理解するために、中国を中心にした地図により、今度は西方と北部を中心に大陸に浮かぶ中国の姿を見てみよう。

西の端は新疆《しんきょう》ウイグル自治区、東は内モンゴル自治区、ヒマラヤに連なる山岳地帯はチベット自治区となっている。これらの地域はいずれも中華人民共和国が成立した一九四九年以来併合してきた地である。チベットには豊富な水資源、内モンゴル、ウイグルには石油をはじめ多種多様な地下資源が眠っていることも、中国がこれらの地を自国領土に編入した大きな理由の一つだ。

だが、これを地政学的に見れば、地政学の祖とされるフリードリッヒ・ラッツェル（ドイツ・一八四四年―一九〇四年）が唱えた大命題「国家は生きている有機体的な存在であり、必然的により大きな生存権を求めるようになる」とした「レーベンスラウム（国家が自活できる生存圏）拡大論」の定義に沿った、ランドパワー特有の安全保障上の意義が大きいと言えるだろう。

中国がチベット、内モンゴル、ウイグルの三つの地域を併合した時点では、現在のように経済、国力、人口が巨大化していくことは誰も予想できなかったが、中国共産党政権は本能的に安全保障上の問題として領土拡大を目指していったのである。つまり、人口や経済の拡大によって生存権も拡大させ、安定した国家の運営のための安全保障を、できるだけ国境線を膨張させる形で図っていくという考え方だ。

同じようにランドパワーの超大国ソ連（現ロシア）も、第二次世界大戦後は中国のように直接の併合はしなかったが、チェコやポーランド、ハンガリーなど東ヨーロッパの国々、さらに西ヨーロッパの東ドイツをも次々と社会主義の影響下に置き、軍隊も駐留させて西側国家との対立線をできるだけ西側に押しやって国家の安全を図った。これもラッツェルの言う「国家の生存圏拡大」理論に当てはまる格好の例証であろう。

領土拡大を限りなく求めるランドパワー国家が共通して持つ発想からすれば、中国には尖閣もスプラトリー諸島も世界的な共有材とする発想には乏しく、安全保障上の「核心的利益」にほかならない。

中国は一九八〇年代から始まった開放経済以来、年九％の経済成長を遂げてきた。その結果、今日ではアメリカに次ぐ世界第二位のエネルギー消費国となり、世界第四位の産油国でありながらも、国内生産だけでは需要が賄いきれず、現在は石油輸入国となっている。経済発展を続けていくためにも、必要なエネルギーの確保は自国の生存にかかわるもので、そのためのシーレーン確保も同じく最重要課題である。中国が海軍力を増強し、シーパワー的戦略を図ろうとするのはこのエネルギー問題に対処するものだ。

もともと中国はランドパワー国家だ。従って本能的にはランドパワー的な発想を持ちつつ、現実問題としてシーパワー的な政策を執るざるを得ない。経済発展に伴って領土を拡大していくというランドパワー的な発想が、シーレーン確保という問題と深いところで結び付き、海上においても領土にこだわり、中国そのものが限りなく拡大していかざるを得なくなっている。

だからアメリカに対して、太平洋をアメリカと二分してその西半分を中国が支配することを持ちかける発想に繋がるのだ。当然だが日本も含めた周辺諸国は、中国の領土・領海の拡大路線に対応せざるを得ず、そのこと自体が今の中国から見れば敵対勢力となるのだ。

第三章

アラブの春から始まった新しい対立軸

穏やかに見えるバグダッドだが

西欧列強に寸断されてしまったアラブの文化と歴史

不自然な中東地図の国境線

中東地域の地図を開けば、シリア、エジプト、ヨルダン、イスラエル、サウジアラビア、イラク……などの国境線に、誰しも違和感を覚えるはずだ。

本来の国境線は、川や山、海などの自然の状況に則して引かれている場合が多く、歴史的な変化や、民族の移動などを通じて自然に造成されてきたもので成り立っている。ところが地図に引かれたこの地域の国境線は直線や曲線であり、いかにも人工的なものなのだ。

いったいなぜこうなったのか。その理由の一つとして挙げられるのは、この地域に川や森などのランドマークがなく、砂漠地帯であることだ。

しかし、もう一つの見方をすれば、これは十一世紀から始まったキリスト教徒の十字軍とイスラム教徒との攻防戦が、二十世紀にいたって互いのトラウマとして心の中に尾を引いていたさまざまな要素が一つの決着をつけた結果と言えるだろう。そのエポックになったのが第一次世界大戦だ。

第一次世界大戦当時、中東地域はドイツの同盟国であったオスマン帝国の支配下にあった。従って、現在の中東諸国は国家としては存在していなかったのである。

人工的な中東の国境線

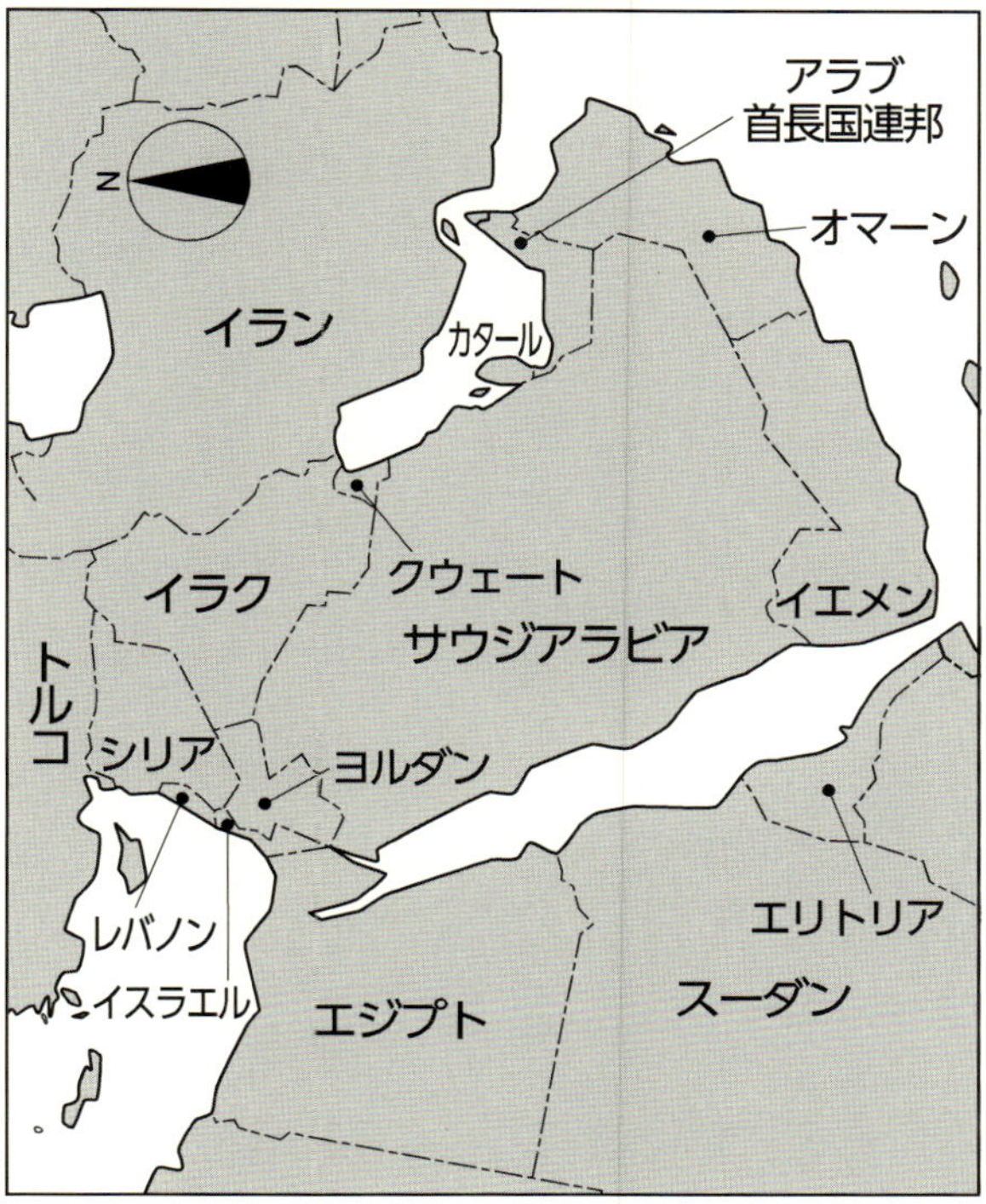

連合国側は、大戦後のオスマン帝国における勢力分割について秘密裏に協議していた。協議は戦争が勃発して間もなくの一九一五年十一月頃から始まった。

案の作成はイギリスの中東専門外交官マーク・サイクスと、フランスの外交官ジョルジュ・ピコによって始められ、その後にロシア帝国も加わって、一九一六年に協定が成立した。

それによると、シリア、アナトリア南部、

イラクのモスル地区をフランスの勢力範囲にする。シリア南部と現在のイラクの大半を占める南メソポタミアをイギリスの勢力範囲とする。黒海南沿岸、ボスポラス海峡、ダーダネルス海峡両岸地域をロシア帝国の勢力範囲とするとしている。

第一次世界大戦でオスマン帝国が敗戦した戦後処理は、この密約に基づいて国境線が引かれ、現在のシリア、レバノン、イラク、ヨルダンといった国々に分割されていった。国境線がいかにも人工的に見えるのはこの協定があったからだ。

ユダヤとアラブを翻弄したイギリスの三枚舌外交

この協定は、イギリスが中東のアラブ国家独立を約束した一九一五年の「フサイン・マクマホン協定」と、ユダヤ資金を戦費として調達する見返りとして、パレスチナにユダヤ人居留地の設定を明記した一九一七年の「バルフォア宣言」とを一括りにして、相矛盾するイギリスの三枚舌外交として批判されているものである。

イギリスは、現サウジアラビアのメッカの太守であるフサイン・イブン・アリーと、イギリスの駐エジプト高等弁務官ヘンリー・マクマホンとの間でやりとりされた書簡で、オスマン帝国支配下におけるアラブ人居住地の独立支持を約束した。

イギリスの目的は、アラブ独立を約束することによって、アラブをイギリス陣営に引き込み、アラブに反乱をさせてオスマン帝国と戦わせることにあった。

　さらに一九一七年十一月にイギリスは、外務大臣アーサー・ジェームズ・バルフォアが、イギリスのユダヤ人コミュニティーのリーダーであったライオネル・ウォルター・ロスチャイルドに送った書簡には、パレスチナにおけるユダヤ人居住地の建設を約束していた。これによってイギリスは、ユダヤ人たちから戦争資金を引き出す目的があった。

　第一次世界大戦後、西欧列強によるアラブ分割を決めた秘密条約の「サイクス・ピコ協定」

19世紀の西アジア

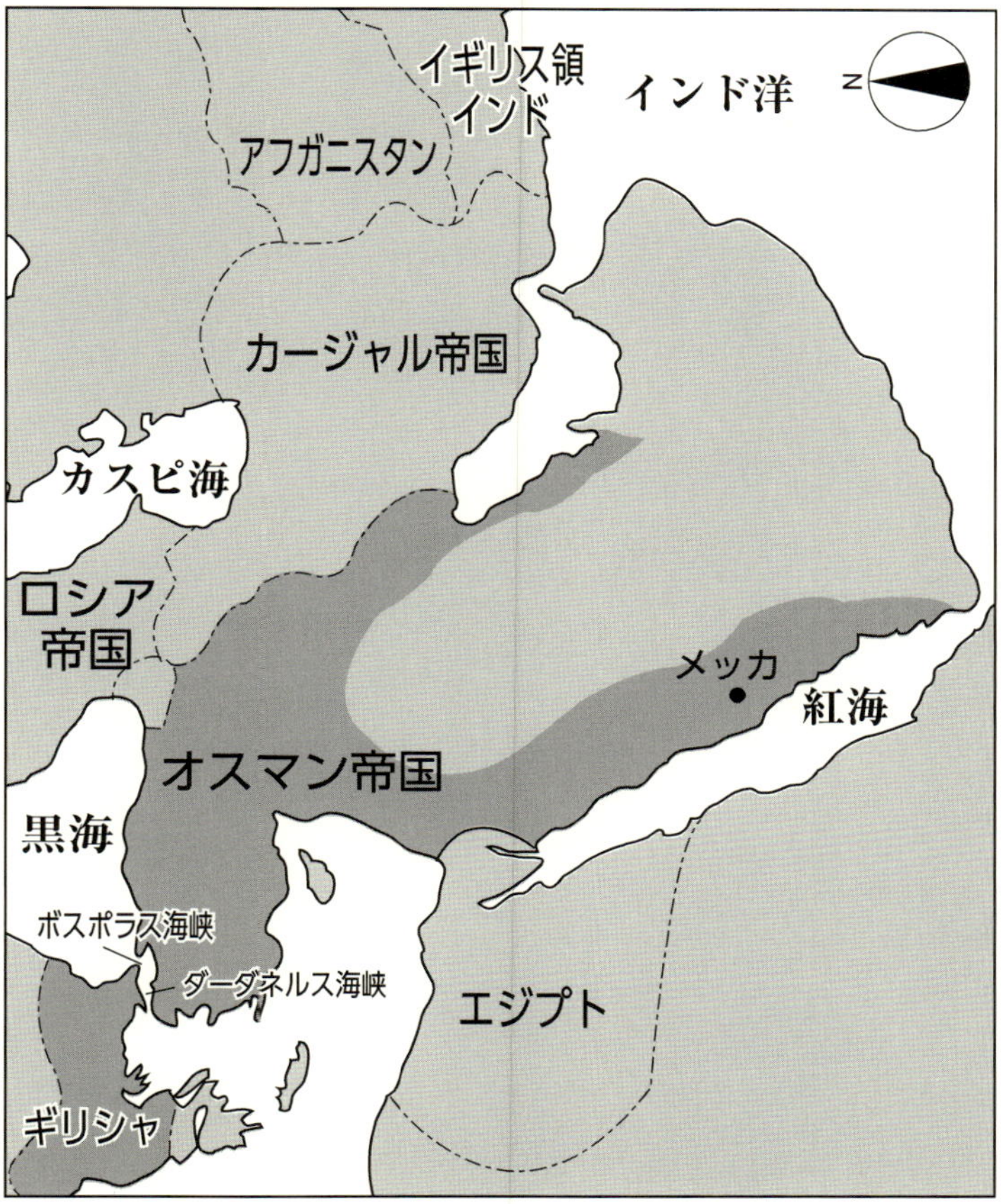

と、アラブの独立を約束した「フサイン・マクマホン協定」はまったく正反対のことであり、さらにはアラブ人の住む地域に、ユダヤ人国家建設を約束するのは著しい矛盾である。

一九一七年に起こったロシア革命の結果、帝政ロシアもかかわって結ばれた「サイクス・ピコ条約」という秘密条約の存在が明らかになり、イギリスが結んだほかの二つの約束との矛盾点が物議をかもすこととなった。にもかかわらず、イスラム教徒のアラブ人たちは、これまでに西欧流の近代国家が行なう狡猾な外交戦略や経済戦略にまったく触れていなかったため、まんまと嵌《はま》ってしまったのである。

第一次世界大戦後の西アジア

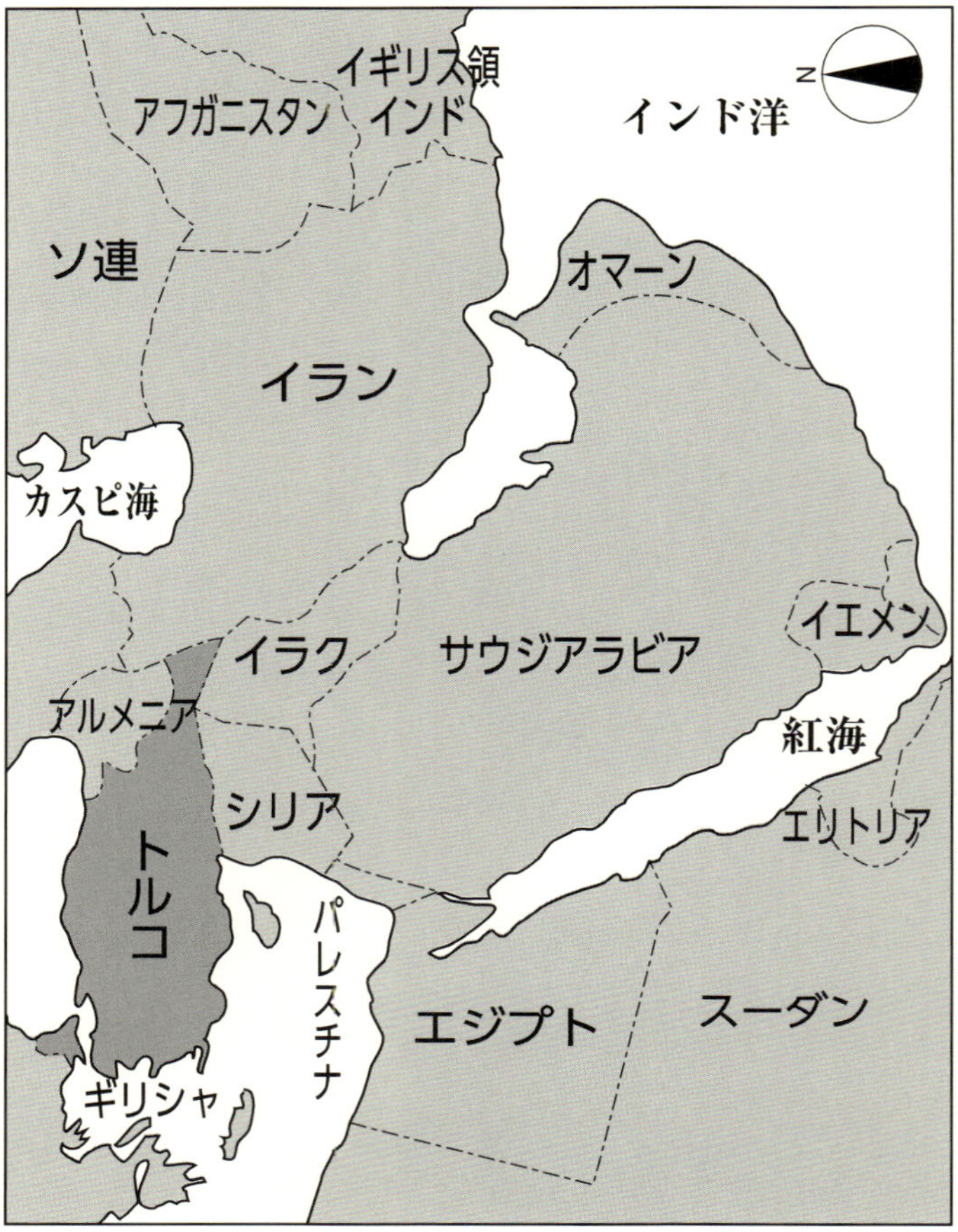

イギリスは戦争中から中東

地帯に、後に映画「アラビアのロレンス」のモデルとして有名になったトーマス・エドワード・ロレンスなどを使って、中東地域の地下には大量の石油資源が眠っていることを把握しており、どの地域が採掘しやすいかなどの詳しい情報を握っていた。だからこそ何としてでも中東を支配するのが核心的利益であったのだ。

当時、石炭に代わる有力なエネルギー源として石油を重視した西欧列強の中東争奪戦の過程で、イギリスをはじめとする連合国は、このようにして中東の持っている文化と秩序を根こそぎ破壊していったのである。

「イスラム国（IS）」は、国境線をアラブ人の手で引き直す試みか

ふたたび始まった「テロとの戦い」

二〇一四年、シリアを訪れていた民間軍事会社のCEOを自称する日本人男性が、イスラム国（IS = Islamic State）と見られるイスラム過激派に拘束された。流血した彼を訊問している様子がYouTubeで世界中に流された。さらに二〇一五年一月には、日本人ジャーナリストも人質となり、日本人の人質二人を殺害する映像がネットで流され、日本人の間にイスラム国の存在が強く印象付けられることとなった。

二〇一四年八月十九日には、アメリカ人ジャーナリストを斬首した動画がネット上に現れ、続いてもう一人、拘束中のアメリカ人が同様に処刑され、その映像が世界中に流された。日常生活の中では、想像もつかない酷《むご》い映像にショックを受けたアメリカをはじめと

する西欧諸国は、イスラム国に対して軍事的制裁も含めた行動を即座に起こした。

オバマ米大統領は「イスラム国殲滅」を宣言し、イラク国内のイスラム国に対して空爆を開始し、数日後にはシリア国内のイスラム国への攻撃も始まった。

オバマ大統領は、イラクとアフガニスタンからの早期撤退を公約して登場し、前ブッシュ政権が推し進めた「テロとの戦い」を形だけでも収束させ、米軍の海外地域における戦闘状態を終息させる方向に傾いていた。ところが、ここに来て、「テロとの戦い」が対立軸として再登場した感がある。

西欧の押し付けた国境の打破を目指すイスラム国

世界を十年前の状況に引き戻しかねない存在として、大きくクローズアップされてきた「イスラム国」とはいったい何なのか。

いち早くイスラム国に入り、シリアとイラクに跨る地域を巡って取材したVICE NEWS（カナダ）のドキュメンタリーによると、イスラム国の主張する国家理念は、イスラム原理主義に基づく、徹底したカリフ国家を目指すことになっている。

イスラム共同体やイスラム国家の指導者、最高権威者とするカリフの称号を、アブー・

イスラム国の活動領域

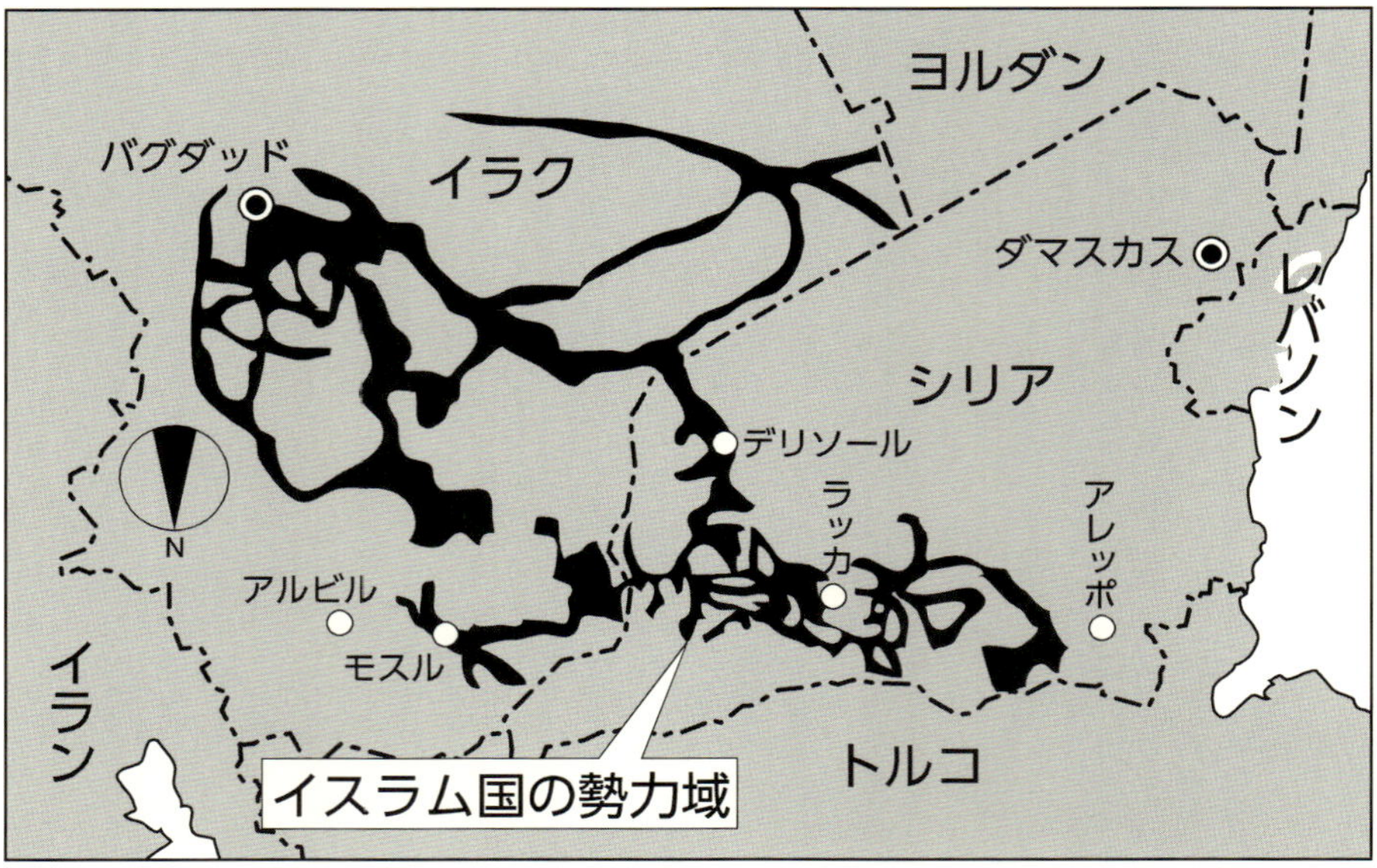

バクル・バグダーディ氏に与え、彼をムハンマドの再来であるとして預言者と定めた。

そして、すべての価値は預言者であるバグダーディ氏が決定し、イスラム国国民は預言者に財産や命を含むすべてを捧げる。それによりジハード（聖戦）を戦い、二〇五〇年までに全世界をイスラム国が飲み込んでいくという。あたかもロシア革命が成功した直後に、全世界に共産主義を広めるために起こった、コミンテルン運動を彷彿《ほうふつ》とさせる壮大な計画である。

現在のイスラム国は、シリアとイラクの国境をなくし、先に述べた「サイクス・ピコ条約」を、事実上反故《ほご》にした形となっている。西欧列強が第一次世界大戦後に設定した中東の国境線をイスラム国のやり方で設定し直そうという意図の表れだろう。

VICE NEWSのドキュメンタリーに登場したイスラム国の要人は、インタビューで「サイクス・ピコ条約」の不合理性を訴え、現行の国境線の廃止がイスラム国建国の重要な柱の一つであると答えている。

イスラム国が、国家樹立の目標の一つとして「サイクス・ピコ条約の打破」を掲げているのは、押し付けられた国境を自らの意思で消し去り、イスラム法による中東の新秩序成立を目指しているからだと言えるだろう。

勢力を拡大するイスラム国

二〇一三年、シリアの反政府勢力が、初めて制圧した都市がシリア北東部のラッカである。制圧直後にはイスラム急進派から穏健派、さらには政府軍から寝返った脱シリア軍等さまざまな反政府勢力が割拠していたが、一年も経たないうちに敵対する武装勢力を容赦なく排除したイスラム国がラッカを支配するにいたった。これが実質的なイスラム国の誕生となった。

そして六月十日には、イラク北部の大都市モスルを制圧し、首都バグダッドに北と西から攻め入るかのような勢いであった。モスルに居座った武装集団は、二〇一四年六月二十九日になって「イラク・シリアのイスラム国（ＩＳＩＳ）」から「イスラム国（ＩＳ）」へと名称を変え、国家樹立を宣言した。そして二〇一四年七月三日には、シリア東部デリソールにあるシリア最大のオマール油田を占拠したのだ。

ＶＩＣＥ ＮＥＷＳのドキュメンタリーによれば、現在シリアとイラクに跨るイスラム国の支配地域は九万六五〇平方キロで、隣国ヨルダンとほぼ同じ面積である。

イスラム国が支配する地域にある油田は、日産最大七万バレル（一バレル＝一五九リットル）とされ、相場価格の三分の一から三分の二の価格で闇市場に流し、イスラム国全体で一日一〇〇万ドル以上の収入を得ているとされているのだ。

その豊富な資金源から、兵士たちには月額四〇〇ドル、その妻には一〇〇ドル、子ども一人に五〇ドルの家族手当を支給し、支配地域住民の生活保護まで行なっているようだ。このように、シリアやイラクで生活するのに、十分すぎる手当が支給されれば、兵士の補充には苦労しないし、支配地域住民も余裕を持った生活ができる。

当初、アメリカのＣＩＡは、イスラム国の兵力を約一万人としていたが、二〇一四年九月十一日には、突如三万一〇〇〇人と三倍強にした。

二〇一四年六月十四日付、ニューヨークタイムズ紙の記事「Rebel's Fast Strike in Iraq Was Years in The Making」によると、イスラム国の運用機構には、二〇〇三年の英米軍によるイラク進攻で追放された、サダム・フセイン政権の許にいた元イラク軍将校や、フセイン政権を担っていたバース党要員、官僚などが多数参加しているという。

従って組織、作戦、統治能力が洗練されており、過激派ゲリラの域を超えた水準に達しているようだ。兵器類もモスルで二万人を超えるイラク軍を制圧した時に鹵獲《ろかく》したアメリカ製の優秀な武器が豊富にあり、さらにはシリアにおける反政府活動でアメリカをはじめとする諸外国から支給された物もある。イスラム国兵士は元イラク軍将校の援助で軍用ヘリも操縦できるといわれているのだ。

これらに加えて、もっとも危惧されるのは、イスラム国の影響力が中東地域のみに留まらず、全世界的な範囲に広がっていることである。

その具体例として、ヨーロッパ、アメリカ、オーストラリア、アジア諸国の若者が、続々とイスラム国に参集し、戦闘に加わっていることが挙げられる。いったいなぜ彼らは、このような行動を取るのかを含めて、新しい時代の過激派集団の基本的な思想を見てみよう。

全世界から若者が「イスラム国」に渡る理由とは

イスラム国に共感する若者たち

二〇一四年十月下旬、カナダの首都オタワで銃を持った男の国会侵入事件が起こり、警官隊と銃撃戦の末に犯人が射殺された。続いてニューヨークでは、手斧《ておの》を持った男がパトロール中の警察官を襲撃した。この犯人も射殺されたが、警官の一人は斧で頭を切られて重傷を負っている。この二つの事件の犯人はイスラム教徒の若い男である。カナダのケースでは、イスラム国に行こうとしたが、当局がパスポートを発行しなかったのが、犯行にいたる直接の原因だとされている。

これまでのマスメディアの解説では、イスラム国に集まった若者たちが、それぞれの本国に帰りテロを行なう可能性に重点を置いていた。しかし、この二つの事件に共通することは、二人ともイスラム教徒に改宗したが、イスラム国には一度も行っていないことだ。つまり、この事件で表面化したのは、これまでの理解とは違って、イスラム国に行かずともイスラム国の理想に共感し、その目標達成のためにテロ行為を働いたという事実である。従って取り締まる立場からすれば、もはや焦点が絞れず、対象は拡散しているという極めて困難な局面にあることを直視しなければならないことだ。

日本でも、イスラム国に入国しようとした大学生が当局から事情聴取を受けた。またシリアの反政府武装勢力に加担し、負傷して帰国したという青年もマスコミに登場した。

二〇一四年九月四日付、『South China Morning Post』紙によると、イラク国防省は九月二日の戦闘で捕虜にした、中国人イスラム国戦闘員の写真二枚を公開した。中国政府は確認していないが、それが真実なら中国人がイスラム国戦闘員として加わっている証拠となる。

中国の中東専門家によると、一〇〇人以上の中国人がイスラム国の戦闘員になっており、そのほとんどがウイグル地区のイスラム教徒だという。二〇一四年七月、イスラム国の指導者であるアブー・バクル・バグダーディが「中国、パレスチナ、インドでは、イスラム教徒の権利が強制的に奪われている」との声明を発し、世界中のイスラム教徒が、各々のやり方で戦いに参加することを訴えている。これにより共産主義国の中国も例外ではなく、イスラム国の攻撃対象となっていることがわかるだろう。

対立するアルカイダとイスラム国

イスラム国は、アルカイダがシリア反政府勢力に加担する過程で、アルカイダから分かれた組織である。

アルカイダのムジャヒデン（聖戦兵士）がアフガン戦線から帰国し、イラクで「メソポタミアのアルカイダ」を結成し、アルカイダと連携した行動を取っていた。「メソポタミアのアルカイダ」は、アルカイダの支部であるヌスラ戦線とともに、反アサド勢力としてシリア内戦で戦っていた。だがアルカイダの指導者ザワヒリから、シリア国内の戦闘からイラクでの戦闘に専念することを命じられたことを不満とし、二〇一三年二月にアルカイダと袂《たもと》を分かったのである。

彼らはイラクとシリア国内の支配地を「イラク・シリア・イスラム国（ISIS）」としていたが「イスラム国（IS）」と改称した。それを機に指導者バグダーディは自らイスラム最高の指導者カリフを名乗ることになった。

アルカイダもカリフによる絶対政権の樹立を目指しているが、カリフは時間をかけて周りから選ばれるものであり、自らが宣言してなるものではなく、現状では時期尚早だとの立場を採っていた。この立場の違いで両者は反目し合い、勢力を競い合うようになった。

二〇一四年九月十一日のロイター電によると、バグダーディとタリバンが勢力範囲としているパキスタンなど南部アジアに、イスラム国が進出を始めているという。イスラム国の支持者が、パキスタン北部のペシャワルでビラを配り、インドとパキスタンが領有権を争うカシミール地方で開かれたイスラム教徒の反インド集会で、イスラム国の旗が翻《ひるがえ》っていることが目撃されたのだ。

二〇一五年一月には、アフガニスタン南部のヘルマンド州で、タリバンとイスラム国兵士が交戦。アフガニスタン当局によると二〇人ほどの死者が出たという。同年一月中旬には、パキスタン・タリバン運動の報道官がイスラム国に参加することを公表し、少なくとも三人のタリバン指導者がイスラム国に忠誠を誓ったとされている。

一方のアルカイダは、現在アメリカ主導の外国部隊の大半がアフガニスタンから撤退する準備を進める中、その勢力範囲の拡大を目的とする活動を活発化させている。具体的には、オサマ・ビンラディンが二〇一一年に米軍の特殊部隊に殺害された後の組織を再編し、アフガニスタンからミャンマーにいたる地域で、アルカイダの活動を統括するアルカイダ南アジア支部を新設した。

この最重要地域にザワヒリから指名されたアシム・ウマルが支部長となった。ウマルの素性は明らかではないが、ロイターの記事などによると、四〇代半ばの戦士というよりイデオロギー信奉者で、南や中央アジアのイスラム社会での雄弁な知識人として知られているようだ。彼はパキスタンとイラク、アフガニスタンの神学校と繋がりが深く、そのルートで若者を集め、アフガニスタンで新兵訓練を始めたという。

アフガニスタンからミャンマーにいたる地域のアルカイダの新指導者となったウマルは、タリバンと密接な関係を結び、南アジアのイスラム世界で強いプレゼンスを持ちつつある。近年、アルカイダ指導者の高齢化が進み、イスラム国が若者の信奉者を増やしつつあることから、バグダーディに拮抗《きっこう》する力を持った若い指導者であるウマルが選出された。従って彼の下で過激で派手なテロを起こし、若者を獲得するイスラム国に対抗する可能性も出てきた。

このように、イスラム国とアルカイダという二大国際テロ組織が、イスラム過激派の世界を二分して勢力争いを繰り広げているが、その主要目的の一つとなるのが若者の獲得である。現在ネット上で、イスラム国とアルカイダの双方ともが宣伝合戦を繰り広げており、イスラム国は処刑などの過激な映像を流し、ハリウッド映画と見まがうような派手な戦闘シーンを頻繁に登場させている。

一方のアルカイダは、指導者ザワヒリがカメラに向かって長時間にわたってメッセージを語りかけている。双方ともネットを通じて若者に与える影響力は強力であるようだ。

事実、オバマ米大統領が国連の会合で、シリアには八〇ヵ国から一万五〇〇〇人を超える外国人戦闘員が渡っていると述べたが、この数字はアメリカのさまざまな情報機関が集めたものとされ、現在では定説となっている。

日本人もテロのターゲットになってきた

イスラム国に忠誠や支持を表明するイスラム過激派のネットワークは、世界各地で拡大している。テロ組織の情報収集や分析を行なっているアメリカ企業のインテルセンターによると、こうした過激派は少なく見積もっても中東やアフリカ、アジアなどの一五ヵ国に二九組織あるとし、世界的なテロ拡散の危険が一層高まっている。

具体的に中東やアフリカのリビアやエジプト、イエメンなどでイスラム国支持の組織が

イスラム国が起こした事件と各地のイスラム過激派

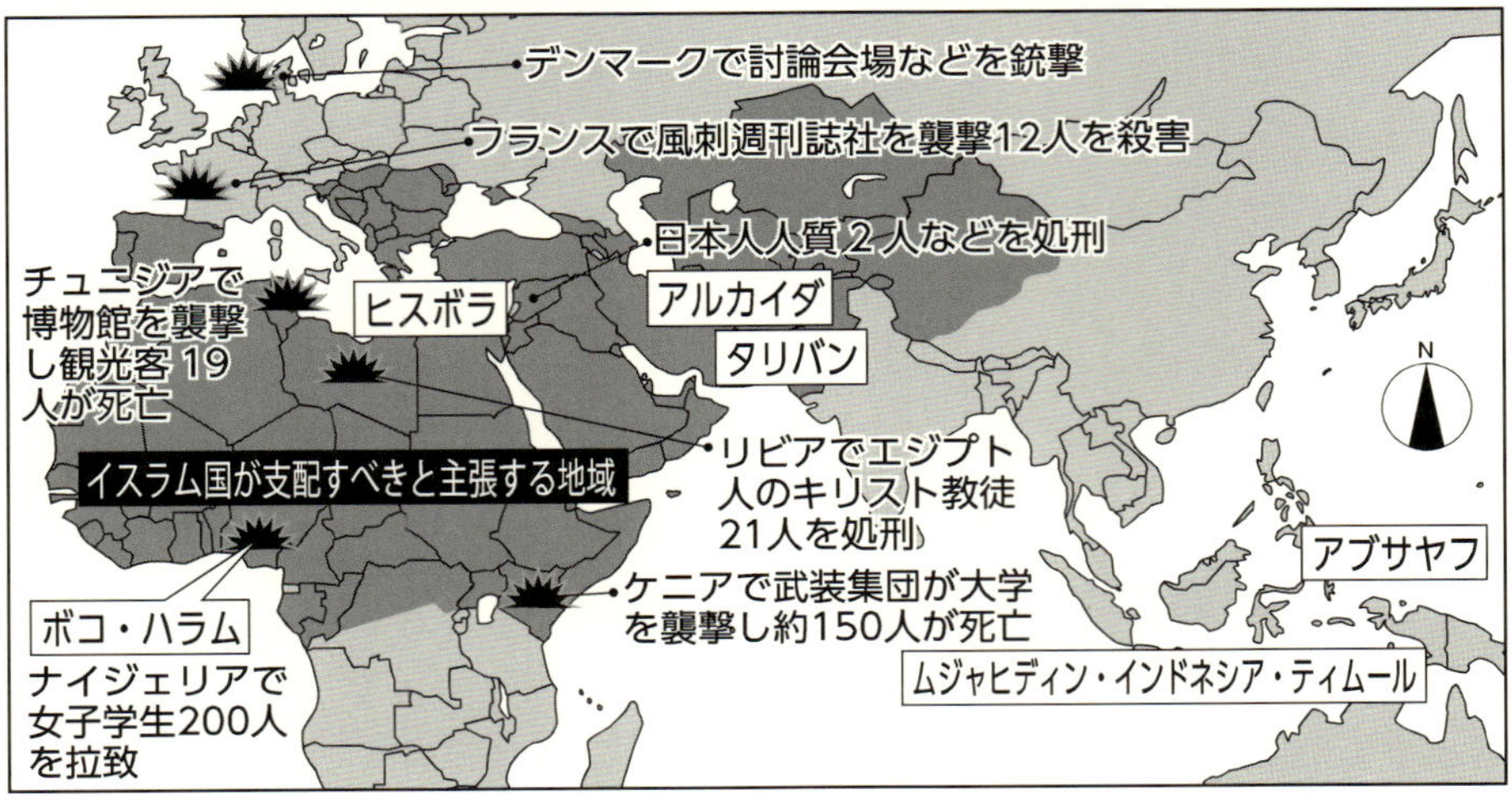

活発化している。二〇一五年一月二十七日に、リビアの首都トリポリの高級ホテルが襲撃され、外国人五人を含む九人が死亡したが、イスラム国のリビア支部が犯行を認めている。

また、一月二十九日にエジプトでは、シナイ半島北部の治安部隊施設が攻撃を受け、少なくとも二九人が死亡している。この事件にはイスラム国に忠誠を誓う「アンサル・ベイト・アル・マクディス（エルサレムの支援者）」が犯行声明を出した。

アジアでは、パキスタンやアフガニスタンのほかにフィリピンでは「アブサヤフ」が、インドネシアでは「ムジャヒディン・インドネシア・ティムール（ＭＩＴ）」といったイスラム国支持の組織が存在する。アブサヤフはアフガン戦争中はアルカイダに戦闘員を送り込み、最近まではフィリピン南部の島に開設された戦闘訓練所で、各国のイスラム系過激派の若者を戦闘員に養成する訓練を施していた。

二〇一五年二月一日、フリージャーナリスト後藤健二《ごとうけんじ》氏が、イスラム国によって殺害されたことが判明した。イスラム国に、人質として拘束されていた日本人としては湯川遥菜《ゆかわはるな》氏に続いて二人目で、日本人もテロのターゲットとされたのである。オレンジ色の囚人服を着せられた二人の姿がネット上で公開され、黒覆面の男がナイフを振り回しながら、安倍首相がイスラム国に敵対する国家に資金援助の約束をしたことを非難したのだ。

外務省領事局の発表した資料によると、二〇一三年十月一日時点では、海外で暮らす日本人は一二五万八二六三人であり、中東地域には約一万人の永住・長期滞在者が、アフリカには約八〇〇〇人が滞在している。海外在住の日本人が増加すれば、それだけテロや暴力犯罪に巻き込まれる機会が増してくるのだ。

「アラブの春」がもたらした衝撃とは……

チュニジアからはじまったアラブの民主化運動

若者たちが、なぜここまでイスラム国やイスラム教に共感を覚えるのか。この問題のルーツは、チュニジアで起こった「ジャスミン革命」から始まった一連の「アラブの春」と呼ばれるアラブ諸国の反政府運動がある。

二〇一〇年十二月、チュニジアで露店商を営む若者モハメド・ブアジジが、警察官に商品を不当に没収され、抗議の焼身自殺を遂げたことから、民主化を叫ぶ反政府の運動が一気に広がり、軍部の離反によりザイン・アル＝アービディーン・ベン・アリー大統領がサウジアラビアに亡命した。

この民主化運動はチュニジアを代表する花であるジャスミンから「ジャスミン革命」と

アラブ世界に広く伝播した変革運動

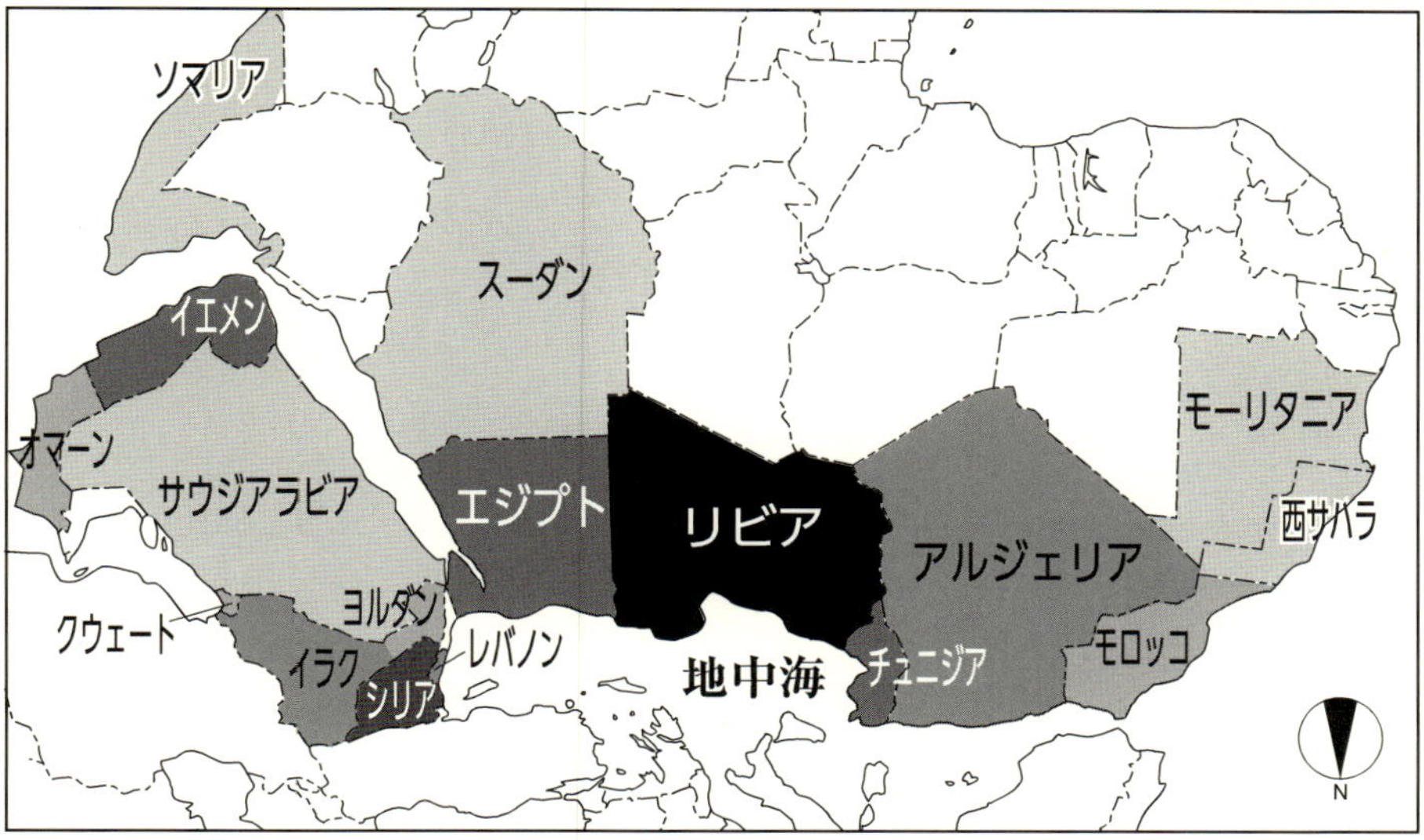

暴動による政府打倒　武装反乱　暴動による政府の変革
大規模な抗議運動　小規模な抗議運動　小規模な抗議運動での政府の変革

命名され、さらにエジプトなどのアラブ諸国へも波及し、各国で長期独裁政権に対して政変や政治改革を引き起こした。こうした一連の動きは「アラブの春」と呼ばれる。

地中海の地図を見ると、チュニジアを中心にすると西にはアルジェリア、東にはリビア、エジプトとイスラム国家が並んでいる。地中海を挟んで対岸にはヨーロッパ近代を生んだルネサンス発生の国イタリア、古代ギリシャ文明を生んだギリシャ、王政を倒して世界で初めて民主主義国家となったフランスがある。

さらに狭いジブラルタル海峡を越えれば、長い間イスラム教徒が支配していたイベリア半島がある。十五世紀になってスペインは、イベリア半島からイスラム勢力を駆逐し、その勢いを駆って世界の海に乗り出し、大航海時代を迎えるようになったのだ。

このように見ていくと、狭い地中海を挟んで、ほぼ一〇〇〇年にわたって対峙し、敵対してきたイスラム教国家とキリスト教国家が、互いに刺激し合っていたことがわかる。

だが十九世紀から二十世紀には、北アフリカの全イスラム国が、ヨーロッパ列強の植民地となり、宗主国からは厳しい搾取を受けていたのである。だからこそ、この地のイスラム教徒たちは、自分たちのアイデンティティーを確認するために、イスラム教の世界に没頭するという状態が続いてきたのだ。

しかし、各国が独立した第二次世界大戦以降、ヨーロッパという巨大市場が控えているという地理的好条件もあって、経済的には落ち着いており、国民の所得も上がり、近代的な教育を受ける若者も増えてきた。

チュニジアで抗議の焼身自殺したブアジジ青年も、大学を出ているが職には就けない状況だった。彼は仕方なく果物を商う露店商で食いつないでいくしかなかったのである。このような若者が、北アフリカ地中海沿岸に急増している。

格差社会がイスラム世界を魅力的に映らせる

ここで注目されるのは、二〇〇八年に出版された『自爆する若者たち』（新潮社）という本で展開された、ユース・バルジ理論（若者急増論）である。この理論はドイツ・ブレーメン大学のグナル・ハインゾーン教授によるもので、一言で言えば「若者の人口の割合が増えれば戦争や内乱の原因となる」ということである。

この論によれば、一五歳から二九歳の男性人口が、全男性人口の三〇％を超えた時、既存の社会では能力を発揮できる場が圧倒的に少なくなる。その結果、若者に残された道は海外移住、対外侵略、テロ、革命、内戦となる。世界に植民地を築いた十五世紀の欧州諸国は、現在のアラブ諸国と同程度のユース・バルジを抱えていた。

この理論に従えば、長期間の流血に耐えられるだけの若者がいないチュニジアでは、これ以上動乱は拡大しない。一方、二十歳代の若者がもっと多いイラク、イエメン、アフガニスタン、パレスチナのガザ地区は、今後も戦争や内乱が絶えず、シリア、サウジアラビアも今後争いが激しくなる可能性が高いということになる。

エジプトを例に採れば、一連の「アラブの春」運動で、若者が主役となってムバラク独裁政権を倒したが、選挙を通じて新政権に参加できる若者は運動指導者だけであった。

政治や社会の表面に立つことができない大多数の若者が、指導者たちを民主主義の裏切り者と捉えて反発するというような現象が現実に起きているのだ。このような若者が、イスラム国に希望を見出して、戦闘に参加する素地は大いにあると見ていいだろう。

もう一つの重要なことに、北アフリカの地中海沿岸諸国から、旧宗主国に渡った移民の子孫たちの抱える問題がある。先に挙げたＶＩＣＥ ＮＥＷＳのドキュメンタリーによると、イスラム国に渡っている外国人は、欧米に移民したイスラム圏の出身者の二世、三世が多く、旧宗主国の社会から差別されていると感じている者が大半だという。

彼らのほとんどが、週給七〇ドル前後の低賃金で働き、仕事も清掃員や飲食店の皿洗い、デリバリー食品配達員などの仕事に就き、さらには失業者、犯罪者など、格差社会における典型的な負け組に属している。

彼らにとっては、欧米の資本主義・民主主義などは理想主義的なお題目に過ぎず、自分自身では乗り越えることができない高い壁に囲まれた、閉鎖社会に取り残された存在にしか過ぎないとの認識が強い。

十八世紀にイギリスで起こった産業革命により資本主義が生まれ、それを基盤とした社会構造の変化がフランス革命を生んだ。フランス革命によってもたらされた民主主義は、資本主義とともに近代社会を推し進める車の両輪として重要な存在であった。

しかし、資源の大量消費と、自由経済の名のもとに広がる格差社会が、社会的矛盾を生んできた。二十世紀後半になって、その対抗軸として存在していた社会主義・共産主義はソ連の崩壊と中国の改革開放経済推進で、まさに理念上のものでしかなくなってしまった。

一方、資本主義は二十一世紀の今日、人口と経済の成長が限界に達しつつあり、その事実を受け入れて、一切の成長を断念しようとする「定常型社会」という概念が誕生してきた。

人口減による消費の衰退で、先進国での商品の生産と流通が頭打ちとなり、IT（情報技術）空間への投資や、実体経済からかけ離れた金融分野に活路を見出そうとしている。だがリーマンショックを例に挙げるまでもなく、そのやり方も結局は富の増大をもたらすことなく、いたずらに富の偏在、貧富の格差増大をもたらすだけであったと言えよう。

人間を労働力と見なす資本主義社会では、その労働力に付加価値を付け、高く売るために教育や訓練を受ける。それが良質であればあるほど高く売れる。この仕組みの中で訓練や教育を受けられない者は、いつまでたっても負の連鎖からは抜けられない。

つまり、チャンスは誰にでも平等に与えられているが、三〇〇年にわたる時間の中で、資本主義が硬直化してしまい、チャンスの切っ掛けさえつかめない者を大量に生んでいるのが二十一世紀の現実だろう。

半世紀ほど前なら、その対立軸として、格差をなくして平等な社会の理念を説く社会主義があり、これを基本理念とした国家が実際に存在していた。従ってその頃の若者にとっては少なくとも「革命」という言葉が、リアリティを持っていたのである。

このような時代閉塞の中で、イスラムの説く世界観は、行き場を失った若者にとっては魅力的に映る。イスラム教の聖典コーランの教えでは、徹底した平等を唱えているからである。

第四章

歴史を通じて深く繫がる日本とアジア

市場の中を托鉢をして廻るタイの修行僧

ベトナム、カンボジア国境で分かれるアジア文化圏

箸を使う文化と手を使う文化

東南アジアの地図を見ると、この地域は二つに分類できる大きな地理的集団からなっていることがわかるだろう。

一つは東南アジア大陸部だ。そこにはビルマ（現ミャンマー）、タイ、ラオス、カンボジア、ベトナム等が含まれている。そしてもう一つは東南アジア島嶼部《とうしょぶ》あるいはマレーシア群島である。これはスマトラから東およびフィリピンにいたるまで広がっている。東南アジア大陸部と島嶼部を合わせると、インド洋と太平洋の間に横たわり、二、三の狭い出入り口しかない長い壁を形作っていることが、容易に見て取れるだろう。

それらは場所によっては連続した飛び石になっているが、アジア大陸からオーストラリ

アにかけての堤道になっている。このように北から南に弓なりに走る半島と群島からできた陸地と、その間を抜けて東西に延びる海路とは陸路と海路の交差点を作り上げている。

北に目を向ければ、インドシナ半島とアジア大陸部の間に聳《そび》え立ち、中国の雲南省に連なる山岳地帯だ。この山岳地帯から南が東南アジアの範疇に入る。

中国文化圏とインド文化圏

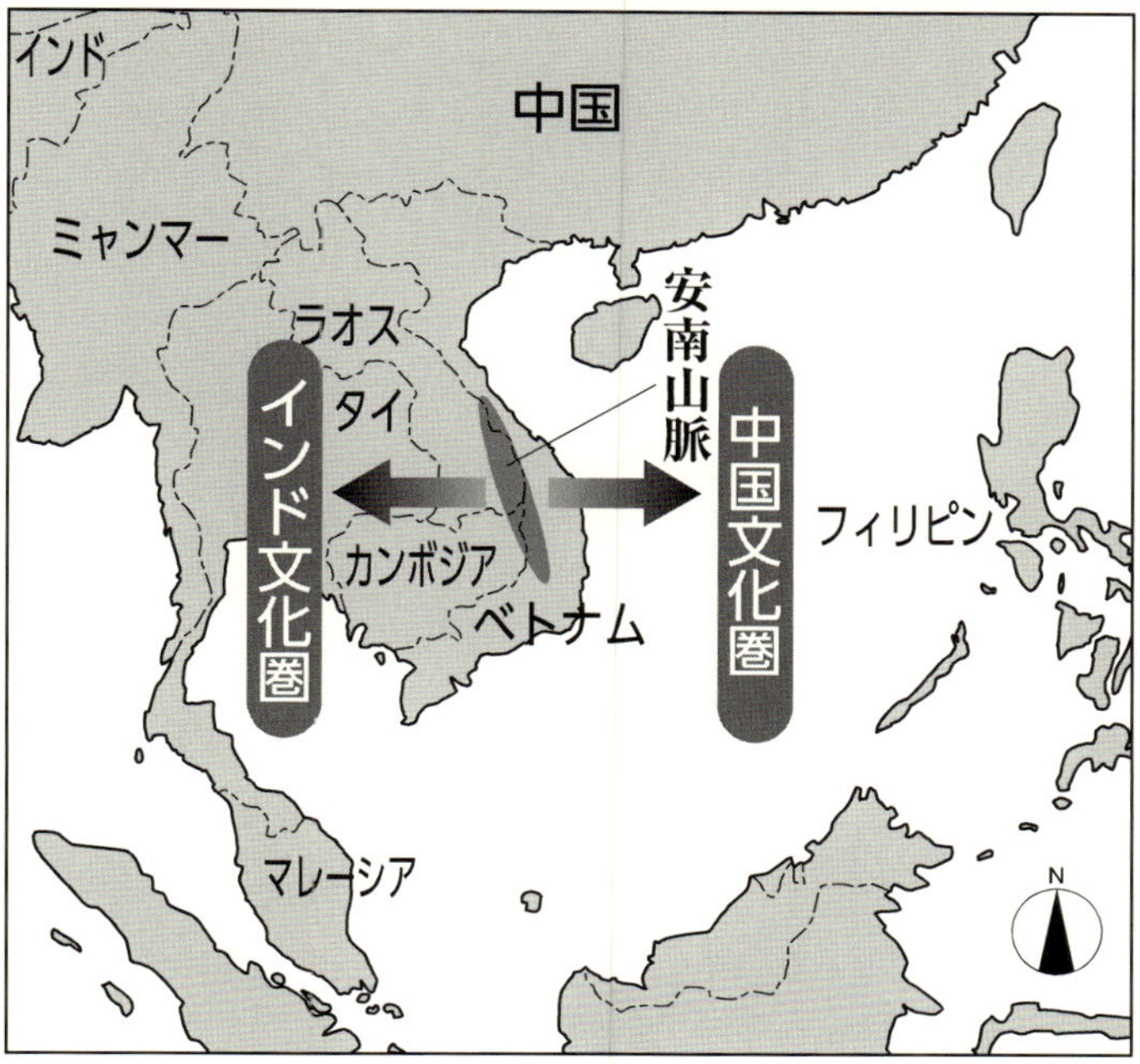

ベトナムとラオス、カンボジアの国境線に沿うように安南《あんなん》山脈が走っている。われわれ日本人はほとんど気づかないが、この山を境にして東側と西側では文化が違っている。

私が初めて東南アジアに行った一九七〇年代初期では、ベトナムでは食事は基本的に箸を使って食べるのが普通だったが、タイ、ラオス、カンボジアなどでは手で食べていた。

大ざっぱに言って、手で食事をする文化はインド文化圏、箸を使うのは中国文化圏という分け方ができるだろう。このことからすれば、日本も含めて安南山脈から東側のアジアの国々は箸を使う中国文化圏に属し、手を使うアジアの国々はインド文化圏に属していると見ることができる。つまり、アジアの二つの巨大文化圏が安南山脈でぶつかり合っていたと言うことができる。

事実、現地で出土した碑文などの刻文《こくぶん》資料と中国の文献を合わせて検討すると、インド系の名前を持った国王に支配されていたと推定される国が大陸部、島嶼部双方に存在していたことがわかる。

これらの史料から、七世紀に日本が隋《ずい》・唐《とう》に使節を送り、中国に範を採った律令国家を建設したように、東南アジアではインドに範を採った国家建設を行なっていたことが推測できるだろう。歴史学者の間ではこの現象を「インド化された王国」と呼んでいる。これら「インド化」された王国群はベトナムの北部とフィリピンを除く東南アジア各地にその痕跡を残している。

巨大石像・建造物がそれで、インドネシアのボロブドールとカンボジアのアンコールワットは代表的なものである。前者は八世紀から九世紀の造営とされ、インドから渡ってきた仏教の遺跡であり、後者は十二世紀に建設されたヒンドゥー教文化の遺産である。

東南アジアの大部分がインド文化圏に属していたのに対し、中国大陸の東南沿海部に接するベトナムは、紀元前二世紀には漢の武帝《かんのぶてい》によって中国に組み込まれてしまった。それ以来、この地域は圧倒的な中国文化の影響の下に置かれるという東南アジアの中でも変わった歴史的経緯をたどった。

二十世紀初頭のアジアに独立国は二ヵ国しかなかった

十世紀の半ばにベトナムは、中国の政治支配から独立したが、新国家では官吏登用には科挙《かきょ》の制度が導入され、中国を模範とした律令が制定された。ベトナムの正史も漢文で書かれていることもあって、ベトナムは「中国化」された国と言うことができる。

一方、フィリピンの大部分を除く島嶼部では、イスラムが広く受け入れられている。イスラムは東南アジアの物産を求める西方の商人たちの交易ルートに乗って渡来した。

十三世紀にはすでにスマトラ島の北岸にイスラム王国が存在したことが、マルコ・ポーロによって報告されていた。だが十五世紀の初め、海路の中心点に存在するマラッカに王国が誕生すると、ここがイスラム伝播《でんぱ》の中心地となった。ここから東北に向かってはボルネオ島の北岸からフィリピン諸島の一部に、また、東南に向かう交易路に沿ってはスマトラ島南部、ジャワ島北岸、ボルネオ島南部、さらにスラウェシ島南部からモルッカ諸島におよぶ広大な海域にイスラムの世界を作り出した。

　このようにして東南アジアの島嶼部にイスラム教が広まっていったが、大陸部ではスリランカ系の上座《じょうざ》部《ぶ》仏教《ぶっきょう》が信奉されるようになった。ビルマ、タイ、ラオス、カンボジアの四ヵ国では、現在でも国民の大多数が仏教を信仰している。

　東南アジアの寺院に足を踏み入れ、南国の太陽に色鮮やかに映える黄衣の僧を見ると、これらの国々の仏教は、かつて日本人が朝鮮半島経由で受け入れた中国系の大乗仏教とも違ったものであることがわかる。

　スリランカ系の上座部仏教は、戒律を守って修行に励む僧たちを中心に成立しており、世俗の人々の代わって修業を積み、自分自身をより高みに持っていこうとする。その姿が民衆生活の一部となるほど、身近な存在として尊敬の対象となっているのだ。

　歴代の王たちは、こうした民衆的な仏教の擁護者として、または仏教の理想をこの世に実現することを期待された正法王として、国民に君臨することになっている。

　このようにインドと中国の二大文化圏に属し、多層な文化を持つ豊かな国々で構成されていた東南アジア諸国は、十五世紀以降に海洋交易が盛んになるにつれて、東南アジアの地理的な位置が重要視され、十九世紀の末までにタイを除いて、そのすべてが欧米の植民地となって、その豊かな資源が収奪されていったのだ。

二十世紀初頭には、東南アジアの地図は大きく塗り替えられていた。イギリス領ビルマ、イギリス領マレー（シンガポールを含む）、フランス領インドシナ（ベトナム、ラオス、カンボジア）、アメリカ領フィリピン、オランダ領東インド（現インドネシア）という欧米四ヵ国による植民地分割の支配が定着し、独立国はタイ一ヵ国のみであった。

この頃のアジア全体を見渡しても、中央集権体制を持った独立国家は日本とタイの二ヵ国のみという状態だったのだ。当時は清国であった中国は香港などが侵略され、満州を含む大陸北部には権力の空白地帯があるなど、中央集権国家とは言い難く、半植民地国家のような状態であったのだ。

宗主国の文化・言語で表現せねばならなかった植民地

東南アジアはオランダ、イギリス、フランスそしてアメリカによって分割され、それぞれの宗主国は植民地に自国の近代文明を持ち込んだ。そこで、現地の王族や貴族などのエリートたちは、まず宗主国の言葉を習得して西欧の近代文化に触れ、それを基礎に自民族の文化を近代化しようと試みた。エリートたちは自分の主張を宗主国に伝えるためには、宗主国の言語を利用せざるを得なかったのだ。

こうしてインドネシア語にはオランダ語が、マレー語、ビルマ語には英語が、そしてラオ語にはフランス語の語彙《ごい》が入り込んだ。現在でもフィリピンで英語が通用するのはこうした理由からだ。

フィリピンがスペイン領であった時代のホセ・リサール（一八六一年―一八九六年）は、スペインに留学して医師免許を取得したが、フィリピン人蔑視に耐えられず、独立運動の闘士となった。だが彼は暴力に訴える革命家ではなく、言論の自由や法的な平等を求め、フィリピン人の生活改善を願った改革者であった。

ホセ・リサールは 1888 年に、欧州へ逃亡の途中に来日。それを記念して東京・日比谷公園に像がある

フィリピンの統治者は、リサールを植民地政策を脅かす存在として捕らえ、スペイン軍の手で銃殺刑に処した。だが彼の志は人々に受け継がれ、フィリピン独立の国民的英雄として現在も愛され続けている。そのリサールがベルリンで刊行

した、フィリピンの独立を訴えた小説『我に触れるな』はスペイン語で書かれていた。またインドネシアの民族主義運動家で女性解放運動家のカルティニ（一八七九年―一九〇四年）が、オランダ語で『光は闇を超えて』を発表したのは、こうした状況の反映である。

自国の言葉で表現し、国民文化を創造していくことが、アジア諸国が名実ともに植民地から脱却した文化的側面での独立となり、自国に自信を持つことになるのだ。各国はそのための努力を現在も続けている。

アジア各国は日本の明治維新を手本にした

第二次世界大戦で日本軍に追い払われた宗主国は、日本が敗戦すると再度の植民地化を図って舞い戻った。だがベトナムではフランス軍を打ち負かし、インドネシアではオランダ軍を駆逐した。インドネシアの独立戦争では、現地に留まっていた残留日本兵がインドネシア独立軍に加わり、旧日本軍の武器を供給してともに戦った。インドネシアが独立を果たした後も、帰国せずに残った旧日本兵も多く、彼らは現地の人々から尊敬される存在でもあった。

戦後、独立を達成し近代国家建設を開始したアジアの指導者たちの前には、旧植民地の負の遺産が横たわっていた。植民地政府によってアジア各地から労働力として連れてこられた各民族は国民意識に乏しく、現地人たちとの間で相互不信を生むこともあった。

その顕著な例として、インドネシアでの中国人の存在がある。イスラム教徒であるインドネシア人と、植民地時代に連れてこられた中国人は、豚肉を食べるかどうかでも相容れず、中国人は独自のコミュニティを作って生活していた。

インドネシアでは、独立後に中国人排斥運動が激しくなり、しばしば殺人にまでおよんだ。軍事独裁政権であったスハルト政権は、中国人の間で毛沢東《もうたくとう》主義による共産主義革命の企てがあるとし、中国人弾圧をしたことで成立している。

民族問題のほかにもう一つの重大問題は、アジアの近代化が植民地主義者の手によってもたらされたということだ。独立を果たすためには植民地主義を拒否し、民族主義を前面に押し出すことが必要だが、一方において西欧近代化を否定しながらも、自国を近代国家にするためには西欧を無視できないというジレンマがあり、これをいかに克服するかということである。

これに対する答えは、伝統と近代を巧みに織り交ぜて成功した日本の明治維新にあると考えたアジアの指導者が多くいた。そのためアジアの国々は、日本の近代化を見習おうとする若者を中心に、日本留学熱が高まったのである。

例えばベトナムでは、後にベトナム独立運動の英雄とされるファン・ボイ・チャウは日露戦争直後に訪日し、宗主国フランス駆逐のために日本へ武器の供与を申し入れている。彼はベトナム人の若者に日本の近代化を学ばせるために東遊運動（ドンズー運動）を起こし、密航させてまで若者を日本に送り込んだ。中国でも日露戦争勝利後に日本留学ブームが起こり、魯迅《ろじん》をはじめとする大量の中国人の若者が日本を目指したのである。

第二次世界大戦の敗戦から、目覚ましく復興した日本にいち早く注目したのはマレーシアのマハチール首相だ。彼はＬｏｏｋＥａｓｔ政策（東方重視策＝日本に学べ）を積極的に進めたのである。インドネシアの初代大統領スカルノは日本とは非常に親しく、現在、テレビでタレントとして活躍しているデヴィ夫人を日本から迎えている。

このように韓国、北朝鮮、中国を除いたアジアの国々は、現在でも日本と友好関係を保ちながら、自国の発展を目指しているのだ。

韓国が反日にこだわる本当の理由は日中に挟まれた地理にある

二頭のクジラに挟まれた小エビ

北東アジアの地図を開いて、朝鮮半島を中心に逆さまに見てみると、まず韓国からすれば、北には国境沿いに大軍を張り付けた北朝鮮の存在が重くのしかかっている。西は黄海《こうかい》を挟んで中国と接している。

青島《チンタオ》上空を経由して仁川《インチョン》に向かう飛行機で、早朝の黄海上空を飛んだことがあるが、眼下に広がる海には無数の島々や岩礁が散らばり、中国側から夥しい数の漁船が韓国方向に向かっている様子も手に取るように見られた。当然のことだが、この海域には韓国漁船も操業しており、両国は黄海を挟んで実に入り組んだ関係にあることが実感できた。

朝鮮半島の南と東には日本列島が横たわる。言うまでもなく日本の存在は大きく、朝鮮半島の政情に日本も深くかかわってきている。近代にいたっては日清・日露の両戦争が朝鮮半島の帰属を巡る争いが主な原因となっていた。つまり、朝鮮半島を中心に北東アジアを眺めてみれば、この半島は日本と中国という大国に挟まれて常に翻弄されてきたことが明確になる。

李承晩ライン

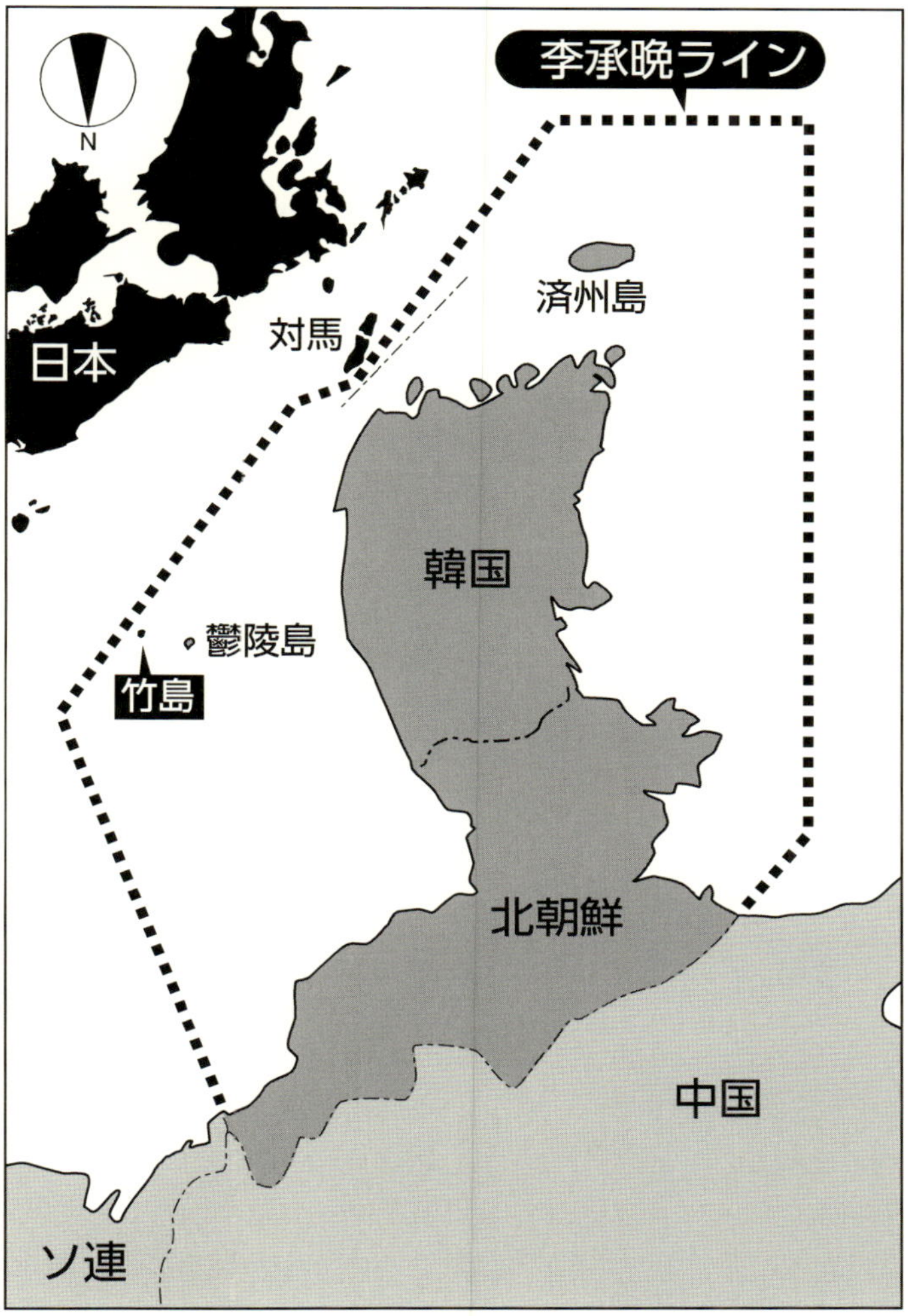

　このような状況を、韓国の初代大統領李承《イスン》晩《マン》は「巨大な二頭のクジラに挟まれた小エビ」にたとえ、二頭のクジラが暴れるたびに小エビは右に左に波の上をアップアップしながら漂うしかないと表現している。

　一九四五年の日本の

敗戦により独立を果たした韓国は、この「小エビ」の状況から抜け出たいと切に願ったのはごく自然のことだろう。そのためには、まず国民が団結しなければならない。国民の意思を一つにするには極めて具体的な敵が必要だ。

長い間アメリカに留学し、敬虔《けいけん》なキリスト教徒であった李承晩大統領は、戦勝国アメリカの強力なバックアップがある。従って日本を諸悪の根源とした戦勝国アメリカの論理に則って、日本に対する敵対意識を盛り上げることとなった。

李承晩のライバル金日成は抗日戦線の英雄

韓国が反日にいたったもう一つの理由は、北朝鮮の金日成《キムイルソン》が終戦直後に日本軍を打ち破り、朝鮮を解放した抗日パルチザンの英雄として登場したことだ。

金日成はゲリラを指揮して日本軍を打ち負かし、独立を勝ち取ったという北朝鮮の建国神話を作り上げ、権力者としての正当性を主張したのだ。だが冷戦の崩壊後にソ連の機密文書が暴露され、金日成はソ連の傀儡《かいらい》として仕立て上げられ、彼のパルチザンとしての実績も創作されたもので、実に危ういものであることが判明した。

李承晩大統領は、戦争中はアメリカに居住しアメリカ人妻を持つ留学生に過ぎず、アメリカに都合のよい人物と見られて、戦後にアメリカが連れてきて大統領に仕立て上げた。従ってライバルである北の金日成のようなカリスマ的なものはなく、建国神話も作れない。このため、なお一層反日政策を採り、自らの正当性を示そうと躍起になった。その具体的な表れが、一九五二年に李承晩大統領が「海洋主権宣言」を行ない、一方的に引いた通称「李承晩ライン」という領海線の中に、竹島《たけしま》を取り込んだことである。

当時の日本は、米軍占領下から独立した直後で、自衛隊も存在せず何も主張ができない状況であった。その後、李承晩は警備隊を竹島に常駐させるという実力行使に出た。日本漁船を拿捕《だほ》したり、銃撃を加えて多数の死傷者を出すなど、日本人に対してむき出しの敵意を見せつけることで、自らのアイデンティティーを示したのである。

竹島問題を歴史問題としたい韓国

このように見てくると、竹島は自らが勝ち取った韓国独立の象徴であり、竹島の領有が崩れると、七〇年間にわたる韓国の基本的な理念が消滅するという実にきわどい状態なのだ。

竹島がこのような状況下にあることが原因で、時の政権が危機的状況に陥った時、問題の本質から国民の目をそらすために政治利用されてきた。その典型例が二〇一二年八月十日に、当時の李明博《イミョンバク》大統領の竹島上陸だ。そして十四日のロンドンオリンピックのサッカー三位決定戦で、日本に勝った韓国代表チームの朴鍾佑《パクチョンウ》選手が、政治的活動禁止のオリンピックの場において「独島《トクト》（竹島）は我らが領土」とアピールした。

この二つの出来事の前者は、これまで長い間積み上げてきた日韓関係の根本を揺るがす事件であり、後者はオリンピックの精神そのものを踏みにじったことになる。

また李明博大統領は、同じ十四日に「日王（天皇）が韓国を訪問したいのなら、独立運動で亡くなった方々に膝を折って心からの謝罪をする必要があると、日本側に伝えた」と、天皇が韓国訪問を切望しているかのような事実無根のことを前提にした、一国の大統領としての見識も矜持《きんじ》も欠いた発言をしたのである。

だが実際には、李大統領が過激な言葉を使っているため、さすがの韓国メディアもその内容の意訳を報道し、日本のマスコミもそれに倣《なら》ったというのが真相だ。

これらの行為に対して、日本政府は駐韓大使を一時帰国させ、親書を送って抗議する旨を伝えようとしたが、韓国は受け取りを拒否した。これに対して日本のマスコミは、史上初の出来事と大騒ぎしたが、実は韓国が日本の国書受け取りを拒否した前例は存在する。

明治新政府成立直後の一八六八年に、日本政府は新しい体制のもとで国交を結ぶことを申し入れたが、当時の李朝朝鮮は鎖国をし、清朝中国を宗主国とする冊封《さくほう》体制にあった。朝鮮側は国書の中に使われている「皇」や「奉勅」は、清国の王朝のみに許された言葉であるとして受け取りを拒否している。二〇一二年に李明博大統領が「日王」という言葉を使ったのも、この故事に倣ったものだと考えてもあながち間違いではないと言えるだろう。

明治初年の、朝鮮の国書受け取り拒否事件をきっかけに、日本国内では西郷隆盛《さいごうたかもり》等から「征韓論」が唱えられ、ひいては福沢諭吉《ふくざわゆきち》の「脱亜入欧」論に繋がっていく。当時の日本政府の申し入れは、朝鮮の鎖国体制を解き、清国に朝貢してお返しを貰うという冊封体制から、近代的な貿易が行なえるような新しい日朝関係を築こうとしたものであった。

竹島問題は韓国のアイデンティティーの問題と深く絡まり合っているが、日本人にとっては究極のところ、ハーグの国際司法裁判所で、近代国際法に照らし合わせて決着を付ければ済む問題であろう。

日本人の法意識からすれば、さまざまな意見があっても法的手続きがきちんとしていれば、最終的には竹島が韓国領になっても承認せざるを得ないとするだろう。つまり、日本人にとって、竹島で起こっていることは領土に関する揉め事であり、国際法という客観的な基準に準拠することが大前提である。しかし、これに応じる気配がまったくない韓国の態度に、日本人が疑念を持つのは自然なことだろう。

しかし韓国は、竹島領有を歴史問題と絡めて捉えている。李明博大統領の天皇に対する発言もその典型例だ。歴史に対する認識は客観的事実を積み重ねることを大前提とするが、それをナショナル・ヒストリーとして物語にする過程で、まるで正反対となることも多々ある。それ自体は近代的なナショナリズムを基礎とした、国民国家形成の過程ではいたし方のないことでもある。

従って、「竹島」を歴史認識の問題として捉えると、永遠に決着のつかない問題となるわけだ。これによって日韓の関係がギクシャクし、日本人の間に嫌韓意識が強まり、韓国人の間に反日の感情が高まり、互いの間に言い知れぬ不安と苛立ちが募るという事態は不毛だと言えよう。と同時に、互いの本当の姿を見失ってしまうことになりかねない危険性をはらんでいる。

東南アジアで唯一植民地にならなかったタイ国

東南アジアで独立を保ったタイ

タイ国を中心にして東南アジアを俯瞰してみると、まず気付くことは東西交通の要衝であるこの地域の中央に位置しているということだ。従って古来から、東から中国文明が、西からはインド文明が入り込み、さまざまなアジア民族がこの地を通り、または定着し、入り混じってきた。

そしてタイ国は、この地域の中心部に存在するということから戦略的にも重要地点であり、周辺のビルマ、カンボジアなどから攻め込まれ、壮絶な戦いを繰り返した歴史がある。そのことは古都アユタヤに行けば、ビルマ軍に破壊された無数の寺院や宮殿の廃墟を見ることでわかる。

十七世紀後半からの西欧列強のアジア侵略によって、周辺国すべてが植民地になったにもかかわらず、タイ国はそれにも耐え抜いて、今日にいたるまで独立した王国として存在し続けている。

なぜ、タイ国だけにそれが可能であったのか。その理由の一つは、この地域の中心であったがゆえに、戦渦に巻き込まれた歴史的体験を挙げることができる。古来、タイ国は多民族国家であったために、さまざまな情報収集手段に優れており、集めた情報を基にして戦略的に外交交渉を進め、できるだけ争いを避けることに専念していたのである。その情報戦略が、近代においても十分に発揮され、植民地化を免れたと言っていいだろう。

十八世紀後半から十九世紀にかけての西欧列強の東南アジア進出が、当時シャムと名乗ったタイ国（一九三九年に国名をシャムからタイに改称）にも影響をおよぼしていた。当時のタイ国を取り巻く地域の状況を見れば、特にイギリスとフランスとの関係は、あらゆる意味で西欧の衝撃としてタイ国自身の内部改革をもたらす契機となっている。

イギリスは、マレー半島において一七八六年にペナン、一七九五年にマラッカ、そして一八一九年にシンガポールを領有し、マラッカ海峡両岸を植民地とし、この地域における制海権を完全に握った。これによってイギリスは、インド洋と南シナ海を結ぶ航路の安全

西欧の植民地になったアジアの各国

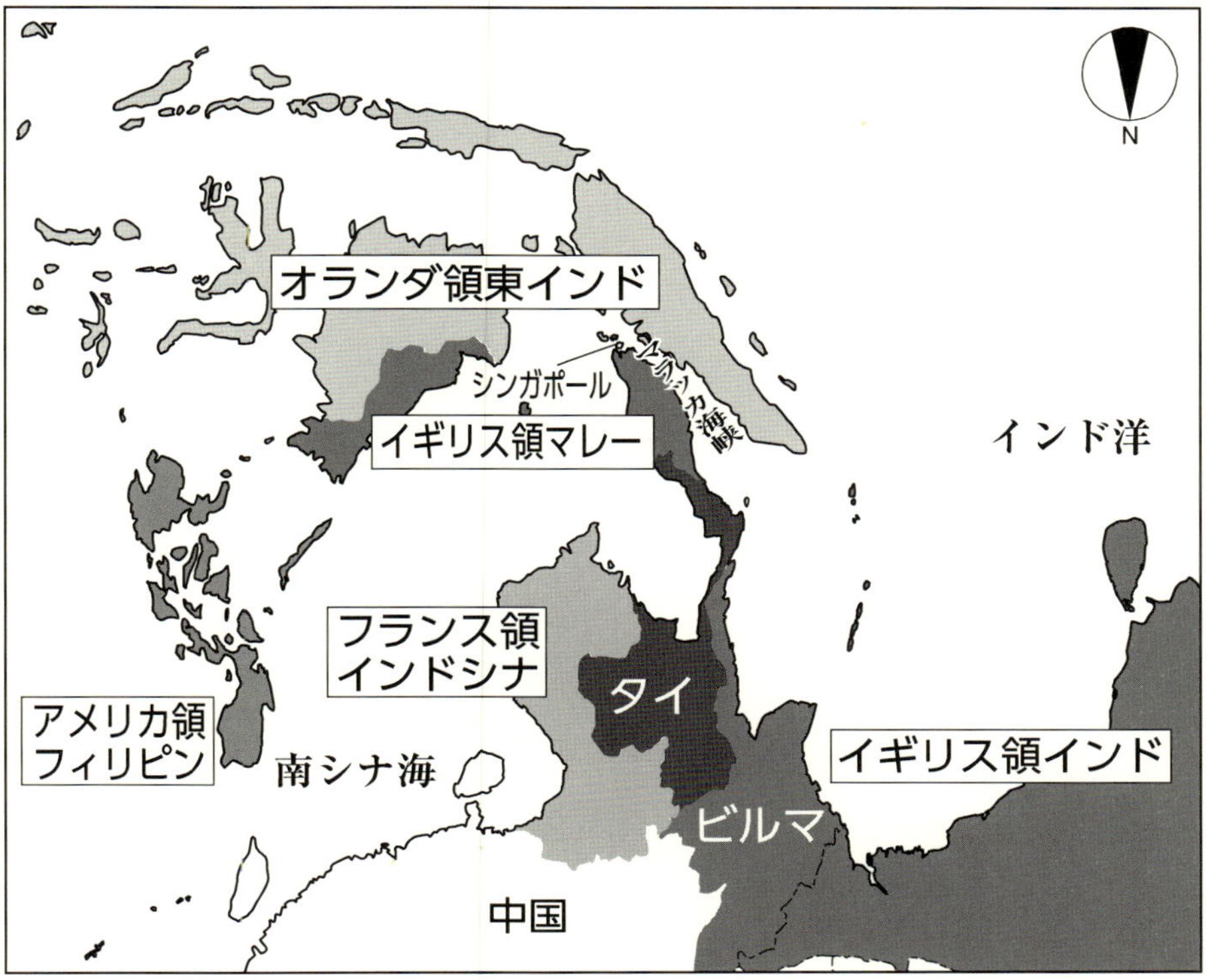

を確保し、この二つの海を自由に航海できることになった。そしてビルマとは三回の戦争を経て、一八八六年に全土を植民地とした。

一方のフランスは、一八六二年にベトナムのメコンデルタを奪い、フランス領コーチシナを成立させてより、ベトナム全土を植民地とすることに成功した。そして一八九九年にはカンボジアとラオスを加え、フランス領インドシナ連邦を成立させた。

タイ国は東と北からフランスが牙を剥き、西と南からはイギリスが吠え立てるという、西欧列強による植民地主義の脅威に晒されていたのだ。

18世紀中頃のシャム（タイ）の版図

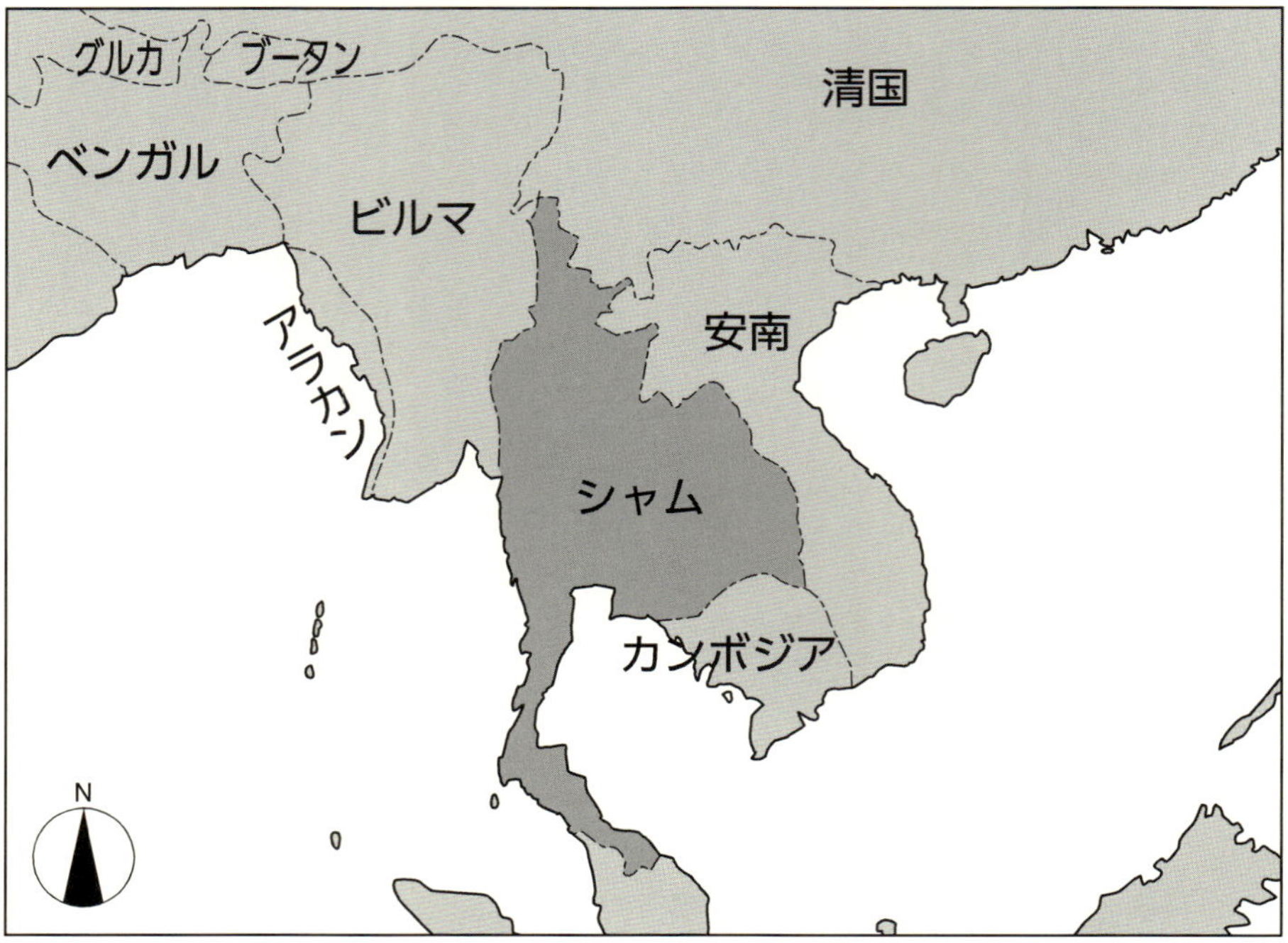

フランスはタイ国に対し、当時はタイ領であったラオスのメコン川東岸の割譲を迫り、タイ国はフランスの要求に屈している。この事件を挟んでタイ国は、一八六七年から一九〇九年までの間、六回にわたってイギリスとフランスに領土を割譲し、タイ国の領土はほぼ半減している。タイ国とほぼ同じ国力を持っていたビルマが、イギリスに抵抗して敗れたことなどから、西欧列強と争うことは、国を亡ぼす恐れがあるという判断が働いたのだ。

タイ国は一八五五年には、イギリスとの間に本格的な自由貿易を行なう友好通商条約を結び、西欧列強の国際秩序に組み込まれる契機となる。それ以来、一八六八年までの間にフランス、アメリカ、デンマーク、ポルトガル、オランダ、プロシャ、ベルギー、イタリア、ノルウェー、スウェーデンとの間で同様の条約を結んでいる。これらの条約はタイ国の実質的な開国となったが、条約の中で相手国の治外法権を認め、タイ国が関税自主権を持たない不平等条約であった。

国王自らが積極的に西欧化を受け入れる

一八五一年—一八六八年に在位したモンクット王は、西欧列強との軍事力の差を認識したためあえて戦わず、積極的に近代化政策を進めることに専念。タイの国内統一を図り、タイ仏教の改革を実行して戒律を厳格にし、タイの伝統文化の強化を推進した。

それと同時に、アメリカ人宣教師たちとの親交を通じて英語を学習し、西欧の文明を知るようにもなった。特に物理学、化学、数学などのヨーロッパの科学に関心を深めたほか、天文学、占星術にも造詣を深めた。さらに王子の教育のために外国人顧問を家庭教師として雇うなど、積極的に欧米人を王室に招いたのである。

一八六八年に即位したチュラロンコーン王（在位一八六八年—一九一〇年）は、海外留学のための奨学金を設立するなど、モンクット王の近代化政策と改革を継承し、さらに推した。このような西欧化教育の拡大は、新たなエリート層を形成していき、後にシャムの近代化に大いに貢献する。現在、タイで最難関の国立大学が「チュラロンコーン大学」と命名されているのは、近代化に向けての人作りを図った王の功績を称えたものである。

タイが独立を保てたのは、強大な外国勢力との戦いを避け、それによって国内の政治的安定を図り、徹底した現実主義的政策を貫き通したことにあった。その上に国王自らが近代化に取り組み、国内の機構を強化していったことにある。タイ国は自らの努力によってイギリスとフランスの信頼を得るようになり、このことがタイ国独立を保つ基盤となったと言えるだろう。

もう一つの要因は、タイ国の地理的要因を生かしたことである。当時、フランスはメコン川地域に関心があり、イギリスは中国侵略を考えていた。そのため東南アジアを足がかり的存在と位置付けていた。

イギリスとフランスは、植民地経営をスムーズに行なうために両国の対決を避けたいとし、タイ国を植民地とせず、東南アジアでの両国の緩衝国の役割を果たすことを望んだ。イギリスとフランスには、東南アジアで互いの対立をなくし目標を達成するには、タイ国の独立が必要不可欠な条件であったのだ。

その結果、イギリスとフランスは一八九一年一月十五日に、タイ国を両国の緩衝国として維持することに合意した。さらに一九〇四年四月八日には英仏協商に調印し、チャオプラヤ川を両国の境界とすることで、タイ国の独立維持の合意にいたったのである。タイ国はイギリスとフランスの勢力争いと、それを巧みに利用した努力の結果、植民地化される危機から免れ、独立を保障された。

日本は、イギリスと一九〇二年一月三十日に「日英同盟」を締結し、一九〇七年六月十日に日仏間にも協約を成立させ、清国における日仏間の勢力範囲を定めた。日本はこの協約でフランスのインドシナにおける主権と保護権を尊重し、英仏間の緩衝国家としてのタイ国独立を間接的に担保することとなった。このようにタイ国を巡る国際環境は、イギリス、フランス、日本の協定で安定したのである。

アメリカナイズしたタイ王室

冷戦構造が音を立てて崩れていった一九八〇年代後半から一九九〇年代前半にかけて、当時、紛争国であったカンボジア、ラオス、ミヤンマーなどを取材する際には、タイ国は東南アジアにおける重要な拠点であった。その理由の第一は、周辺国が慌ただしい状況であるにもかかわらず、タイ国の政治が比較的安定していたことである。

その当時、西側世界に簡単にアクセスでき、取材したマテリアルが間違いなく東京に届くこと。交通が便利であったこと。経済的に安定していることと東南アジアの中心に位置しているから、さまざまな情報が集中していることなどが理由として挙げられる。

当時は南北に分かれていたベトナムが、北ベトナムの共産主義政権に統一され、カンボジアでは過激な毛沢東主義者のポル・ポト政権が成立し、大虐殺と内戦が始まっていた。ラオスでも共産党政権が樹立され、タイ国とは国境付近で緊張状態が続いていた。その中で唯一タイ国が民主主義の政治システムを維持し、安定した国家として存在していたのだ。

十九世紀になるまでに、アジアの大半が欧米列強の植民地になった中で独立を保ったのと同様に、第二次世界大戦が終わって、独立した周辺国が共産化していくという混乱状態に陥っている中で、タイ国はまったく独自の体制を保っていた。いったいなぜこんなことが大戦後から今日にいたるまで可能だったのか。それはタイ国の現国王の存在が大きく影響しているからだと言える。

第二次世界大戦後、中国の共産化と朝鮮戦争、そして中国をバックとしたベトナム、ラオス、カンボジアのインドシナ三国が共産化するという情勢の中で、タイ国は反共・親米国家としての国内整備を急速に進めていった。

中でも特筆すべきは、タイ王室のアメリカナイズだろう。タイ王室は一九三二年のクーデターで政治的実権を奪われ、単なる文化的象徴としての役割しか与えられていなかった。しかし、第二次世界大戦後、タイ国の政治姿勢はアメリカと行動を一にすることで国家の独立を図ることになった。政治的には共産党の非合法化をはじめ一連の反共政策が強行されていったが、国民に対する文化政策として王室のあり方が見直されることになったのである。

王室改革のきっかけとなったのが、一九四六年六月九日に現国王の兄アーナンダマヒドン国王のピストルの暴発によるとされる怪死事件があり、一九歳の弟のプミポン殿下が国王として即位したことである。このことが後にタイ国の対アメリカ外交の重要なカードとなった。

プミポン国王は、一九二七年にアメリカのハーバード・メディカル・スクールに留学中のマヒドン王子(一九二九年に死去)の次男として誕生した。彼が国王になる可能性はほとんどなかったが、タイ王室で初めてアメリカで生まれた王族となったことは、彼の大きな特長となった。

一九三二年のクーデター後、プミポン殿下は母の強い希望で兄とともにスイスに留学。一九三五年にクーデターの余波で当時のプラチャーティポック王が退位したため、プミポンの兄である八歳のアーナンダマヒドン殿下が、スイス滞在のまま王位に就いた。

一九八七年にプミポン王は還暦を迎え、それを記念してタイで発行された英文冊子『Our Great King』によると、プミポン殿下はスイス留学中には政治とは無関係な工学を学んでいた。その間にジャズを演奏したり、カー・レースに参加するなど、いかにも若者らしい学生生活を楽しんでいた。だが一九四八年、カー・レースでプミポン殿下が乗ったフィアット・トポリーノが事故を起こし、彼は右眼摘出という重傷を負った。その時、彼のもとに通って介護したのがタイ国駐フランス大使の娘であったシリキットである。

その冊子によると「やがて二人は恋に落ち、国王は自らシリキット嬢のためにジャズの楽曲を作曲し、プレゼントして思いのたけを告白した。その時の曲が『キャンドル・ライト・ブルース』と『フォーリング・レイン』であった。それと同時に婚約指輪として父のマヒドン王子が母と婚約する時に贈った物をプレゼントした」としている。プミポンがシリキットに贈ったジャズの楽曲は、現在も王妃の誕生日などにタイ国内で演奏されている。

兄がピストルの暴発で事故死し、スイスで王位を継承したプミポン国王は、シリキットを王妃として伴ってタイに連れ帰る前後から、二人が結婚にいたるエピソードが国民の間に流布されていった。このハリウッド映画を彷彿とさせる甘い物語は、国民の間で圧倒的に支持され、タイ国民がアメリカ風の人間観を心地よいものと受け入れる素地を作り上げていったと言えよう。

国王はアメリカ流の生活態度を率先して国民に示し、民主主義的な開かれた王室を国民に見せることを積極的に進めていく。そのアメリカナイズした象徴的な事柄は、次のエピソードによく表れている。

一九六〇年に、国王はベニー・グッドマン・ジャズ・オーケストラと共演した。グッドマンは王のジャズ演奏の才能に感心し「現在、陛下はタイ国の国王だが、もし失職するようなことがあったなら、私のバンドのメンバーとして雇いたい」と言ったという。そして国王は王宮内にラジオのスタジオを作り、私設のジャズ・オーケストラを組織して、国王自らがジャズを演奏する三〇分番組の放送を、二九年間にわたって続けている。

タイ国政府も、アメリカ生まれのプミポン国王。カー・レースでの事故からハリウッド映画のような恋愛物語。さらにはアメリカ文化そのものであるジャズを、国王が演奏してタイ国民にアピールすると同時に、タイが国を挙げてアメリカ文化を慕っていることをアメリカ国民に提示するという、実に手の込んだプレゼンテーションを図ったのである。プミポン国王自身もこのことは自覚しており、ジャズの作曲、演奏のほか、カー・レース、ヨット競技、カメラ、絵画などに取り組み、若々しく活動的なスポーツや文化の浸透に努力してきた。

日本の皇室も、戦後には皇太子（現天皇）にアメリカ人家庭教師を付けていた。さらに美智子様とのテニスを介した恋愛物語は、皇室が始まって以来の、キリスト教を基本とする教育を受けた平民から皇太子妃を迎えるという、アメリカナイズされた「開かれた皇室」を演出していた。それによってアメリカ人の好感を得、日本国民にアメリカ的民主主義をアピールするという政治的効果を挙げたのである。

国王は国民の中に入り象徴としての役割を示す

一九五七年九月十六日、タイ国ではサリット将軍のクーデターが成功し政権を掌握した。だがサリットは西欧的な民主主義には関心がなく、その主張は「タイ式民主主義」と呼ばれるもので、タイ古来の民族、仏教、王政を基本原理とする家父長制など、伝統社会の価値観に基づいた国家観、政治観を基礎としたものである。

その上で、国民統合の象徴として、国王の存在を重要視し、活動的な王の姿を広く国民に知らしめることを強調したものであった。

サリットは共産主義の脅威に対抗するためには貧困をなくし、国民生活の安寧《あんねい》を図ることが必要だとし、経済開発に重点を置いた。プミポン国王とサリットは、地方開発の推進と王権を否定する共産主義に対抗することでは共通の認識を持っていた。

サリット政権の下で、国王は地方巡幸をし、春耕節儀式（その年の豊作を占う儀式）など数々の式典へ臨席し、国立大学などで国王による卒業証書授与などが制度化され、チャリティーや福祉活動への参加など、一九三二年の革命以来軽視されてきた国王の社会的役割が復活した。

国王とシリキット王妃は身の危険を顧みず、武装した共産主義者の侵入が伝えられる東北部のメコン川沿いの貧しい農村や、北部山岳地帯の少数民族の村々を積極的に訪ね、農民たちの輪の中に入っていった。そこで国王は農民の要求を直接聞き、自ら資金を出した農地改良や、インフラ整備、化学肥料の普及などに努めたのである。

その結果、村々では国王の写真を飾ることが習慣付けられ、タイ国の伝統的な価値観である父権的な存在を具体的に見せ付けることとなった。仏教界も国王の活動をフォローするように、辺境の土地に寺院を建立。そこには「開発僧」と呼ばれる若い僧侶が派遣され、仏教思想を広めるとともに、国王の徳を説いて聞かせるということが盛んに行なわれるようになった。

これら開発僧が滞在する寺は、新しい農業技術や衛生観念の普及など、学校の機能も含めた一種の文化センターの役割を果たした。ここでは貧しい子どもを集めて、集団生活の中で勉強をさせる制度もあり、国王をはじめとした各層からの寄付金を基に、大学に進学させる奨学事業でも実績を上げている。現在、ここで育ち、高等教育を受けた子どもたちが社会の中堅層として活躍している例が多い。

仏教の擁護者としての国王は国民の中に浸透し、政治に無関心の山岳少数民族や貧困農民層が、国王を通じてタイ人としてのアイデンティティーを確認することになる。国王はタイ民族同一化の象徴でもあるため、政治過程や権力構造にも大きなかかわりを持つようになった。歴代政府は国王の開発プロジェクトに特別な配慮をし、それをサポートする専門部署を設置し、国民統合の象徴としての国王の役割と存在を具体的に国民に示している。

タイ国では、一九七〇年代から中産階級が出現し始め、既存の軍・官僚複合体の政治的地位の低下が見られるようになった。それに伴って経済界を基盤とする新党結成など、新政治勢力が台頭し、権力構造の変動が起こった。それが従来とは違った形で、国王の政治関与を促すことになった。それは各政治勢力間の争いの調停役であり、政権担当者を選択するという役割であった。

国王は、時代の変遷に応じて変化する政治的対立や、経済格差の問題など深く対立する問題を調停し、政治的安定を図るように努力を続けたのである。クーデターが起これば、対立する当事者を呼んで国王の前で和解させ、問題の深刻化と確執をできるだけ避けるように各方面に働きかけた。従って、紆余曲折はありながらも、基本的にはタイ国の政治は安定しており、外国企業の進出も東南アジアでは最大級の規模となっている。これらのことが現国王が国民から非常な尊敬を集めている最大の理由なのだ。

しかしながら、一九二七年生まれのプミポン国王は高齢となり、健康状態も優れず入院することが多くなっている。タイ国内でプミポン国王の国民的人気が絶対であるために、タイの今後を考えると、変化の時期が訪れようとしている。

中国にすり寄る韓国の知られざる深刻な領有権問題

韓国が領有した離於島

李承晩ラインにより、日本領である竹島が強引に韓国領とされたことは知られているが、この時期にもう一つの島が韓国領とされたことは、日本ではあまり知られていない。現在でも韓国の実効支配下にある韓国名「離於島《イオド》」がそれである。島という名がついてはいるが、実際には海面下にある岩礁だ。長崎県の鳥島から北西二七六キロ、韓国の馬羅島《マラド》の西一四九キロ、中国の海礁島《かいしょうとう》沖合二四五キロに位置している。

一九三八年に日本政府が測量し、観測施設を建設する計画があったが、第二次世界大戦の勃発によって中断されていた。しかし、戦後の一九八七年には韓国政府が灯台を設置し、韓国内でナショナリズムが高揚していた盧武鉉《ノムヒョン》政権下の二〇〇三年に、海洋科学基地が建造された。この基地は水面から三六メートル、水面下は四〇メートルという七六メートルにおよぶ巨大建造物である。

韓国がこの岩礁の領有権を主張し始めた一九五〇年代は、現在の中国である中国共産党（中共）政府と韓国の間には国交はなく、中国の海軍力も微々たるものでしかなかった。当時、正式な中国政府として、韓国と国交があった台湾の中華民国政府は、韓国に対して領有権の主張が可能であったが、冷戦下でともに西側陣営に属するものであり、国際法上の島でもない暗礁を巡って対立する余裕もなかった。

離於島の位置

そうした機に乗じて、味方陣営の領土を掠め取っていく経緯は、一九五二年のサンフランシスコ講和条約締結により日本が主権を回復した直後の、まだ自衛隊が発足していない時期に竹島を占領したのと酷似

している。

当時の韓国は独立直後の民族主義が高揚しており、韓国は朝鮮戦争下での特有の国際情勢を利用して、当時としてはほとんど利用価値のない辺境の地を領有することで、国内向けのパフォーマンスを行なった。当然中共政府は韓国の行動に対して抗議し、領有権は認めないとした。

韓国で離於島が問題となったのは、北東アジアのパワー・バランスが大きく変化し始めた時である。まず韓国は北朝鮮の脅威を前提に陸軍中心の軍備を推進してきた。従って韓国の海軍力は、急速に増強された中国海軍と比較すれば弱体である。加えて尖閣諸島を巡る日中の対立が、韓国にとっての脅威となってきていたのである。とりわけ深刻なことは、日本に対する中国の姿勢が予想をはるかに上回る強硬さを見せたことである。

尖閣問題では、世界有数の海上警備力を持つ日本でさえ、中国艦船の度重なる領海侵犯が強い圧力となり、懸命な対処を強いられているのが実情である。もし離於島が同じ状況に直面した場合、韓国は日本と同様に自力で中国の圧力に対処し得る海軍力も経済的余力も存在していない。

事実、二〇一二年十月二十日、中国が無人機を活用して黄海の自国領海の監視を強化。

十月二十二日付の韓国紙『中央日報《ちゅうおうにっぽう》』日本語版によると、中国は遼寧《りょうねい》省内に基地二ヵ所を建設すると発表し、さらなる圧力を増す姿勢を強めたのだ。

韓国が中国にすり寄る理由

そうした現実を前にした韓国の動揺は尋常ではない。日本の島根県議会が条例で「竹島の日」を制定したことに倣って、離於島を管轄下に置く済州島《さいしゅうとう》議会は「離於島の日」を制定する予定だったが、議論を中止してしまった。

韓国の頼みとなるのは米軍の存在であるが、アメリカは北東アジアでの領土問題については中立的な立場を執っている。まして国際法上の島でさえない暗礁を守るために、アメリカが韓国側に立って中国相手に軍事力を発動することはあり得ない。

今や離於島問題は韓国にとっては、危険なステージに入り込んでしまったと言えるだろう。この状況を打破する一つの有力な手段は、韓国内で反日ムードを高め「中韓共通の敵国としての日本」を想定することで、中国に接近するというものである。

二〇一三年六月二十七日、韓国の朴槿恵《パククネ》大統領は、これまでの慣習を破って日本を飛び越し、中国を訪問して習近平《しゅうきんぺい》主席と会談した。両首脳は中韓の結束ぶりをアピールし、露骨な日本外しを見せつけた。そして伊藤博文《いとうひろぶみ》を暗殺したテロリストである安重根《アンジュングン》の記念碑を、中国国内に建設することに同意するなど一層の反日を煽り立てたのである。

中国にすり寄り始めた韓国の態度について、日本のメディアでは中国経済との関係においての解説が主流である。たとえば、韓国の貿易総量に占める中国の比率は二一%を超え、韓国のGDPに対しても二〇%以上に達している。この状況一つからも韓国は中国にすり寄らざるを得ないのだ。

このような経済的側面も中韓接近の重要な要因だが、この視点だけでは北朝鮮問題解決についての重要なファクターを見失うことになりかねない。韓国にとって北朝鮮は軍事的な脅威であり、それに加えてもう一つの軍事的脅威として、離於島を巡る問題が加わってきたという、パワー・バランスの変化も極めて切実な要因なのである。

韓国は、これを取り除く手段として全面的に中国にすり寄り、中国の力を借りて北の脅威を取り除き、同時に離於島問題を緩和するという方向に舵を切ったと見るべきだろう。

この視点に立てば、日本にとっても韓国の存在は、今や北朝鮮問題に対するパワー・バランスの一環であるとした冷徹な戦略が必要とされる状況にあると見るべきだろう。

それには日本人の間に広く行き渡っている「日韓の交流をさらに深めて話し合いをすれ

ば、相互の理解が深まり、好ましい日韓関係が構築できる」という、曖昧《あいまい》な幻想を基礎とした現状認識を捨てることである。

現実的には、日韓間の人的交流だけを取り上げても、すでに年間五〇〇万人を超え、単純計算では一ヵ月当たり四一万六〇〇〇人以上が両国を往来しているのだ。これほどの大規模交流にいたりながらも、領土問題や歴史問題を含めたさまざまな問題を巡る状況は悪化の一途である。このことは量的規模の拡大と相互理解は別問題であり、人的交流をいかに進めても、関係改善に対する効果は極めて限定的であることを如実に示している。

従って現実では、アメリカの軍事費削減を続けていくオバマ政権である限り、アメリカは具体的なアジア政策を曖昧なままに放置していくだけであり、この現実から韓国がパワー・バランスを保持するための選択肢として、中国に傾斜していくことは止めようがない。その結果、北朝鮮問題解決は日本が積極的な役割を担っていく方向が一番の近道であると覚悟して、戦略の立て直しを早急にやっていく必要がある。

日本に敵対する中韓の連携

このまま韓国の中国シフトが強まり、もし済州島に中国海軍の基地ができるような事態にでもなれば、日本が中国の外洋進出を阻止するための、尖閣の戦略的な意味は一気に消滅し、日本にとっては悪夢となる。

言うまでもなく、米韓軍事同盟と日米安保条約は、北朝鮮からの軍事攻撃に備えたものである。朝鮮半島有事の際には日本はその兵站《へいたん》基地となり、出撃基地としての役割を果たすことになっている。

具体的には、航空自衛隊は福岡県の築城《ついき》と芦屋《あしや》、山口県の防府北《ほうふきた》の三ヵ所に二〇〇〇メートル級の滑走路を置き、海上自衛隊の大村《おおむら》基地（長崎県）、陸上自衛隊の目達原《めたばる》基地（佐賀県）高遊原《たかゆうばる》基地（熊本県）および在日米軍が使う板付《いたづけ》基地（福岡空港）を合わせると、北九州に七ヵ所もの航空機発進基地が存在している。

これらの基地は、朝鮮半島で戦闘が起こった場合、米軍の戦闘機や輸送機が発着する拠点として活用されるのはもとより、韓国民を含む避難民の受け入れ基地としても活用される。さらには福岡病院、大分別府《べっぷ》病院、長崎佐世保《させぼ》病院、熊本病院という四ヵ所の自衛隊病院が活用されるだろう。

また朝鮮半島と向き合う長崎県佐世保基地は、米海軍第七艦隊の戦略拠点であり、広大な佐世保湾の大半は、半島有事に緊急展開する米軍が占有したままだ。軍事的な観点に立つ限り、韓国に対して日本の役割は極めて重要であり、韓国防衛を担う在韓米軍にとっても、必要不可欠な存在となっているのだ。

この件に関して、二〇一四年の秋の国会で、安倍首相は「米海兵隊は、日本との事前協議なしには、韓国に駆け付けることはできない」という韓国にとって実に衝撃的な発言をしている。その発言を受けて、韓国メディアはこれを大きく取り上げて大騒ぎした。半島有事の際に、米軍の韓国支援を安倍首相が事実上コントロールできるとしたことに恐れをなしたからだ。

日米の交換公文によれば、在日米軍が日本から行なう戦闘行為は、日米の事前協議の対象となっているとした一般事項であり、その趣旨は日本がアメリカに白紙委任はせず、自国の安全保障の観点から決定を下すということである。日本の安全保障が成立するかどうかを日本政府が判断し、在日米軍の出動その他の作戦行動を決定できるのだ。ここに韓国の安全保障における日本の重要性があるのだ。それだけでなく、韓国は韓国領域外での韓国近海で、自衛隊が米軍を援護するための集団的自衛権の行使にも反対の立場を執っている。

韓国は日本が自国領内で集団的自衛権を行使することに強く反対しており、この安倍発言はそれへの意趣返しであるとして、相変わらず狭量な見解で捉えていた。

国際法の原則に従えば、攻撃を受けている側から援護要請があって、初めて集団的自衛権の行使の前提条件が満たされることになっている。逆に言えば、ある特定の国から援護されたくないという自由も認められている。従って現状のままなら、韓国は日本の援護を必要としていないという意思表示ということになる。しかし、米軍支援のために、自衛隊の集団的自衛権の行使も認めないというのは、度を超した言いがかりでしかない。

歴史的に見ても、朝鮮半島の安全保障は、日本の安全にとって重要だ。日清戦争、日露戦争も朝鮮半島の安全保障が、日本にとって重要課題と認識したから起こったことで、日本の安全保障は一貫して朝鮮半島と連動していると見てきたのは明らかだ。

しかし、韓国がこのような感覚を共有しているかは、はなはだ疑問だ。その具体的な証拠としては、韓国のアサン政策研究所が行なった二〇一三年の世論調査では、日本を韓国の脅威とみなす韓国人が五五％に達している。この数字は中国を脅威とみなす韓国人より、わずかに四％低いだけである。さらに二〇一四年の調査では、韓国人の六六・八％が日本の安全保障上の役割に否定的であり、六〇・六％が日本の役割増大に対するアメリカの支持に否定的である。また、七九・三％の韓国人が、日米間の安全保障協力が強化された場合には、韓国は中国と安全保障協力を強化する必要があると答えていることが挙げられる。韓国民は自国の安全保障にとって、日本や日米同盟が果たしている役割を認めず、日本の潜在的脅威や歴史問題、竹島を巡る問題のみに焦点が当てられ、冷静な判断力に欠けていると思われる。

日本は北朝鮮問題解決などに韓国の協力が得られず、韓国が中国とともに日本に敵対する勢力となる可能性を考えれば、ベトナム戦争の敗北で南ベトナムを失ったアメリカが、ソ連とのバランスを保つために中国に接近したように、冷徹なパワー・バランス戦略を執るのも一つの方法だろう。

その意味では、論理的には日本にはロシアとの連携が効果的だという結論が導き出されるであろう。中韓 vs.日露の構図が構築できれば、中韓の反日共同戦線への対抗軸ができるからである。

逆さ地図から見える北朝鮮を巡る国際情勢の真実

東西対立の最前線となった北朝鮮

北朝鮮を中心にして地図を逆さまに見ると、東はロシアと国境を接し、北は中国との国境があり、黄海を挟んで中国と向かい合う。日本海を挟んで日本列島があり、南は韓国と北緯三八度線を挟んで朝鮮半島を東西に横切る非武装地帯越しに睨み合っている。

この地形を見れば、かつては中ソ二大社会主義国に挟まれ、北朝鮮が社会主義国になるのはごく自然の成り行きだっただろう。

第二次世界大戦直後の北朝鮮には、日本統治時代の工場や鉄道が残されており、地下資源も豊富でGDPは韓国をはるかに引き離していた。

ソ連を中心とする社会主義国と、アメリカを中心とする自由主義国が鋭く対立していた冷戦構造の中で、資本主義国の韓国と国境を接していた北朝鮮は、東西対決の最前線国として中ソ両国からの圧力は大きく、ソ連からは高性能武器の援助を受け、中国からは軍事的なバックアップを受けていた。

一九五〇年六月には韓国に攻め込み、韓国軍と米軍を一気に南端の釜山《プサン》まで追い詰めた。その間、米軍を主体とする国連軍が組織され、国連軍は仁川《インチョン》上陸などを通じて劣勢を盛り返した。対する中国からは義勇兵の戦争参加などがあり、一進一退を繰り返した。そして一九五三年七月二十七日に休戦を迎えたのである。

朝鮮戦争の展開

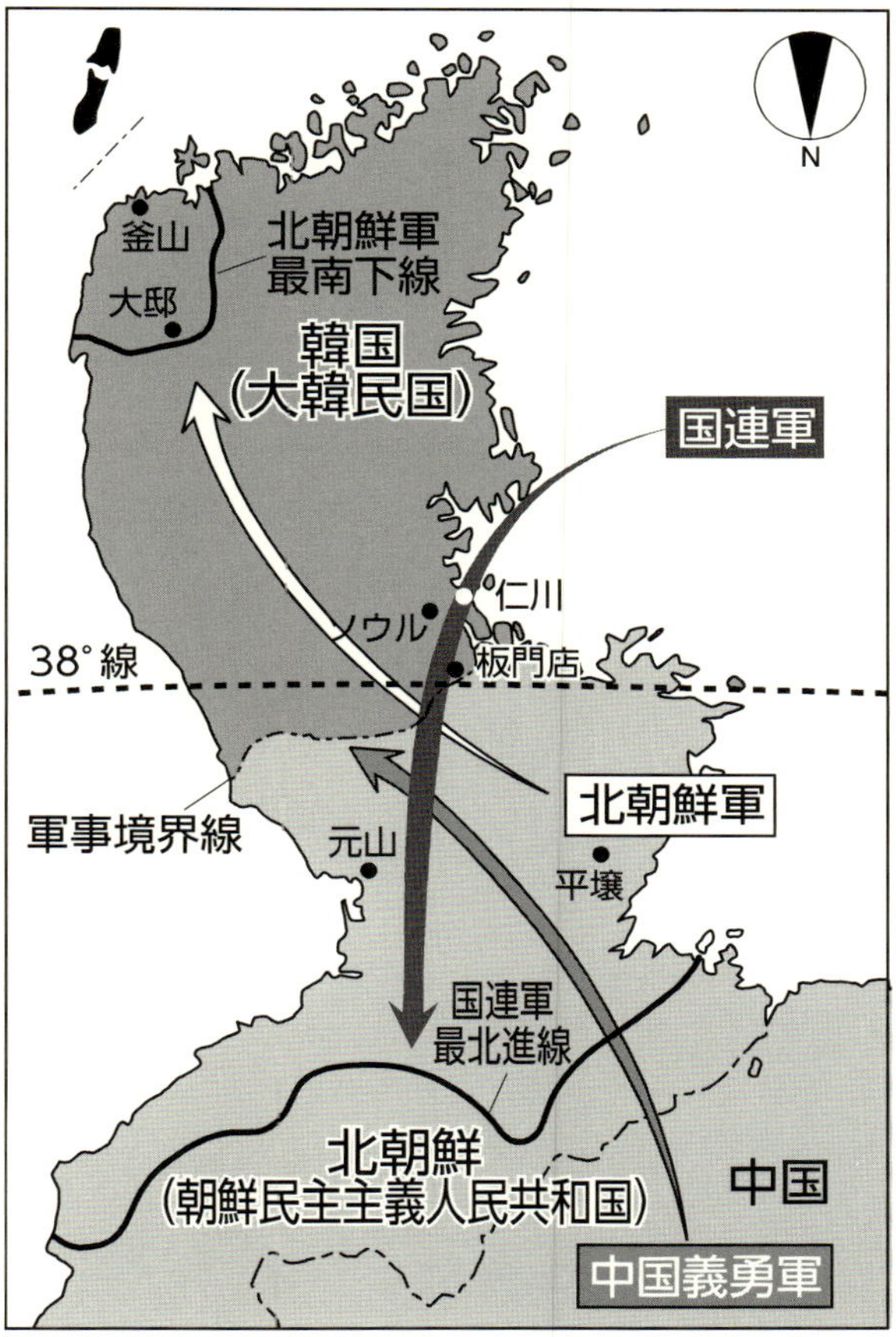

この朝鮮戦争は、朝鮮半島に莫大な人的被害と破壊をもたらし、両国民のトラウマになったばかりではなく、いまだに軍同士の睨み合いが続い

ているのだ。

朝鮮戦争が尾を引いて韓国では軍事政権が続き、北朝鮮の脅威を理由に言論弾圧や人権無視の強圧的な政治が続いたのである。韓国がいまだに徴兵制を敷いているのは北朝鮮の侵入を防ぐためだ。

実際に韓国の海岸には、北朝鮮の特殊部隊の侵入を防ぐために鉄条網が張られ、許可を受けた漁民しか海に入れない。そのために韓国ではヨットなどのマリンスポーツがほとんどできない状態なのだ。

逆に北朝鮮は韓国とアメリカの侵略性を宣伝し、社会主義にはあるまじき世襲制独裁体制を築いているのだ。核兵器を開発し、その運搬手段としての弾道ミサイルの開発も進め、数々の実験を行なった。もちろん日本へは敵対政策を執り、両国の間には横田めぐみさんをはじめとする拉致問題が横たわり大きな問題となっている。

中国が外交カードにする北朝鮮

現在、この北朝鮮の存在が国際的に大きくなっている。まず一つはアメリカと中国が共同して取り組むプロジェクトの対象となっていることが挙げられる。

二〇一三年、北朝鮮問題に関する重要な動きがカリフォルニアであった。六月七、八日にサニーランドで開かれた米中首脳会議がそれである。オバマ大統領と習近平国家主席が、ネクタイを取ったリラックスした服装で会談に臨む映像が全世界に配信され、会合や食事に加え、二人だけの散策を含めた合計八時間を超えた話し合いがなされた。この会談でアメリカ側が特にこだわったのが、当面の最大関心事とする、中国からのものと見られるサイバー攻撃問題と北朝鮮問題だった。

会談後の両国の発表や各報道を総合すると、サイバー攻撃問題に関してはオバマ大統領が中国側に調査を依頼し、中国は調査を約束するとともに共通のルール作りを急ぐことで一致したという。そして両首脳ともに北朝鮮の核保有を受け入れられないことを確認した上で、北朝鮮への制裁強化等の具体的な措置を採ることで合意したと報じられた。

これは、それまで中国が採ってきた曖昧な態度ではなく「具体的な行動」で北朝鮮の非核化を目指すことを、習主席がオバマ大統領と約束したことを意味している。

北朝鮮の核開発が進んでいる中で、これまで中国は北朝鮮に対して、思い切った制裁の具体策を執ることができていなかった。むしろしなかったという方が正しいだろう。それは中国が実質的に巨大化していく過程で、北朝鮮問題を自国を有利に導くために都合のよい外交的カードとして使ってきたからである。

その典型的な例が二〇一〇年にあった。この年には、中国が尖閣諸島や南シナ海の海洋権益問題を含める数々の国境紛争や、すでに中国政府が身柄を拘束していた、民主活動家の劉暁《りゅうぎょう》波《は》氏がノーベル平和賞を受賞したことで、自国の論理と価値観を強引に押し付ける強圧的な外交を展開し、国際社会で「中国異質論」「中国脅威論」が高まった。

中国政府は、欧州に駐在する各大使から駐在国の政府に対し、二〇一〇年十二月十日にオスロで開かれるノーベル平和賞授賞式に、出席しないように求める圧力をかけたのである。これによって中国は、国際的な常識をわきまえない異常な国家という評価を受けて窮地に立っていた。

大延坪島の位置

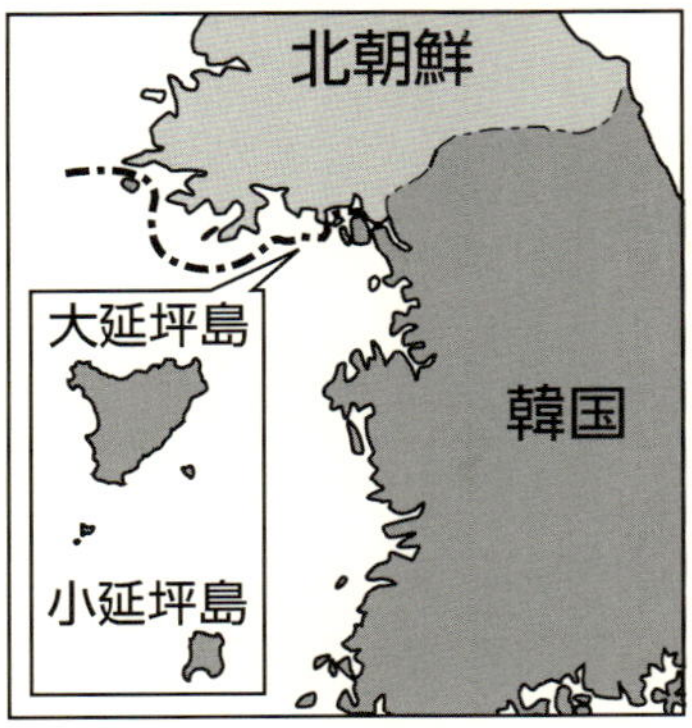

だが、ノーベル平和賞授賞式直前の十一月二十三日に、北朝鮮軍が突然に韓国の大延坪島《テヨンピョンド》に向けて、砲弾約一七〇発を発射する事件が勃発したのだ。この事件で韓国の海兵隊員二名、民間人二名が死亡、海兵隊員一六名が重軽傷、民間人三名が軽傷を負い、山火事や家屋の火災が発生した。

この事件が中国に対する評価を一変させることになった。

北朝鮮の乱暴狼藉に対して、中国が北朝鮮への影響力の発揮を求める「責任ある大国」としての期待となり、中国批判は一転したのである。

このように、中国にとって北朝鮮は、国際的な窮地に陥った時には、それをチャンスに変えることができる絶好の外交カードになるのだ。従ってよほどのことがない限り、本質的には中国は北朝鮮問題の根本的な解決を望んでいないという構図が見えてくる。北朝鮮も、この国際関係の構図を十分理解した上での生き残り策として、瀬戸際外交と呼ばれる数々の乱暴な外交政策を執ってきたと見るのが正しいだろう。

まだまだ遠い北朝鮮問題の解決

中国にとって北朝鮮の存在が大きくなったのは、二〇〇三年八月から北朝鮮の核問題を解決するために日本、アメリカ、中国、ロシアと韓国、北朝鮮からなる六国の協議が開始され、中国が主催国となってからだ。議長国の中国は、協議を「責任ある大国」として振る舞う舞台装置として利用し、常に国際協調と対北朝鮮への配慮を前面に押し出し、ほとんど何も決められない状況を作り出していた。だがそこには、国際社会の要請に応じて外交努力を懸命に行なっていることをアピールする必要性に、中国自身が迫られているという危機感が潜んでいる。

北朝鮮の目的を整理すれば、「核とミサイルを手放すことなく米朝会談を実現し、経済を立て直す」というものだろう。北朝鮮はこの目的に沿って、さまざまな外交カードを切ってきたが、このところ手詰まり状態になったと見るのが正しいだろう。

北朝鮮にとって六者協議は、一息つける時間稼ぎの場であり、国際社会からの孤立化を避ける場ともなる。六者協議等を通じて北朝鮮と中国は、互いの利益を追求しながら時間を稼ぎ、自分たちに有利な条件が揃うまで互いの存在を外交カードとして使い続ける構図が出来上がっているのだ。

中国は北朝鮮の暴走をたしなめ、大国としての責任を果たすポーズを採り、北朝鮮は一時的にはそれに従う態度を見せている。そして中国が国際社会でピンチになった時には、暴走するという行為を繰り返し、互いに国際社会を生き抜こうとしているわけだ。

従ってオバマ大統領と習近平主席の間で交わした、北朝鮮非核化問題解決に中国が尽力するという約束も、北朝鮮をことさら重大視し、外交カードとしての価値を吊り上げるためである。この視点に立てば、日本政府が北朝鮮に対して主張する、拉致と核問題の解決には相当時間を要すると予測されるのだ。

第五章

アメリカのアジア回帰戦略と日本の再起動

アジアの防衛を期待される米軍空母

シリア化学兵器問題から見える大国アメリカの求心力低下

「世界の警察」をやめたアメリカ

第二次世界大戦後、旧ソ連との冷戦を勝ち抜くために、アメリカはとてつもない資金と資源を費やしてきた。冷戦が終わった現在、アメリカの軍事力に対抗できる国はもはや世界に存在しない。

こうした状況の中で、アメリカが目指したのが「世界の警察」である。強力な軍事力を背景にアメリカン・プレゼンス（アメリカの存在感）を全世界に示し、経済のグローバリゼーションが進む中で、外交的にもアメリカに有利な展開をもたらそうというのがその目的だ。

世界地図を開いて、アメリカ本土以外でアメリカ統合軍（陸・海・空・海兵隊）が展開している地域を見ればその意図がわかるだろう。アメリカ大陸には、南米に展開する軍を統括する南方軍一二〇〇人（司令部・フロリダ州マイアミ）、ハワイに司令部を置く太平洋軍三〇万人、ドイツのシュツットガルトに司令部を置く欧州軍一〇万五〇〇〇人、二〇〇八年八月より、同じくドイツのシュツットガルトに実働司令部を置くアフリカ軍（固定兵なし）、さらには全世界の海に海軍の空母打撃群が適宜遊弋《ゆうよく》している。

イラクへ派兵された米軍兵士

この圧倒的な軍事力を背景に、アメリカは世界の警察官としての役割を果たしていた。アメリカがそれを行動に移したのが、一九九〇年八月の湾岸戦争であった。当時のイラクのフセイン大統領が、イラク領内の石油を盗掘されたとしてクウェートを武力で占領。国連の撤退勧告も無視して領有の既成事実化を図ったのである。

この時アメリカは、国連加盟国の参加を得て多国籍軍を組織。一九九一年一月に、当時のブッシュ大統領（後のW・ブッシュ大統領の父）は、イラクへの武力制裁を決行し、湾岸戦争が勃発した。戦争はたった四〇日の戦闘で、アメリカ中心の多国籍軍が圧倒的な勝利で終了した。

しかし、9・11で始まった国際テロ組織との闘いで、イラク、アフガニスタンに軍事介入した後、一〇年近く経ったところでアメリカ国民に戦争疲れの気運が強まり、イラク、アフガニスタンから米軍を早期撤退させることを公約としたオバマ大統領が誕生。これに加えてリーマン・ショックが重なり、アメリカの経済そのものも窮地に陥った。

そこで出てきたのが軍事費の大幅削減である。さらには軍事的なことにはあまり重きを置かず、国民健康保険の充実など、国内政治に重点を置くオバマ政権の基本的な方針もあり、オバマ大統領は世界の警察官をやめることを宣言。その後、世界で起きたさまざまな事柄に、積極的にかかわろうとする姿勢は少なくなった。その象徴的な例が内戦中であるシリアの化学兵器使用を巡るアメリカの対応である。

二〇一三年八月、オバマ米大統領がテレビのインタビューで、シリア内戦で化学兵器の使用を示唆し、化学兵器の使用はレッドラインを超えると述べたことが問題の発端だ。この発言は「化学兵器が使われたら、アメリカはシリアに軍事介入する」と全世界に流され既成事実となってしまった。

そして二〇一三年にはオバマ大統領が、シリアのアサド政権が化学兵器を使用して、子どもも含めて一四〇〇人を超す犠牲者が出たと発言して、シリア政府がレッドラインを超えたと認定した。オバマ大統領はこの一点を根拠として軍に命令を下し、直ちにシリアへの軍事介入が可能である。

オバマ大統領がシリアの化学兵器使用を認定したことで、軍事行動に出ると世界が見たのは当然の流れである。しかしオバマ大統領は軍事介入には踏み込まず、ロシアなどが提案した国連に問題を預けることになったのである。

余談だが、大統領がシリア政府の化学兵器使用を認定した直後から、私のＰＣに「アメリカのシリア攻撃が決定したので、今すぐこの会社の株を買えば絶対に儲かる」などの英文メールが連日、数通入るようになった。私は株などにはまったくの門外漢で、無視していたのだが、ロシアの提案をアメリカが受け入れることがハッキリした途端、その手のメールはまったく来なくなった。

この一件は、戦争をビジネス・チャンスと捉え、動き回る人たちの行動の一端を、私自身が具体的に知ることとなり、さらにはアメリカ大統領の発言一つで世界中が動き始めるほど、その存在の重さを実感できた一瞬でもあった。このことをパワー・ポリティックスの側面から見ると、世界の安定に寄与してきたパクス・アメリカーナ、つまりアメリカの覇権による世界秩序が音を立てて瓦解していくプロセスでもあったのだ。

中国・北朝鮮はオバマの弱腰を利用

冷戦構造崩壊後、世界唯一の大国として、アメリカの存在は世界の安定に必要不可欠であったことは言うまでもない。アメリカの求心力とは、一言で言えばクレディビリティ(力への信頼性)である。つまり、政策が正しいのかどうかは別にして、アメリカはいざとなれば軍事力行使を示唆し、場合によっては実際に圧倒的な力を行使することで国際秩序を乱す他国の行動を抑止してきたと言えるだろう。

シリア問題では、アメリカの最高指導者であるオバマ大統領が、国際秩序維持のためにアメリカのパワーを使うことができない弱腰の指導者だということが、世界中に具体的な例として示されたのである。

このことが北東アジア情勢に重大な影響を与える。シリア問題処理の過程で明らかになったように、大量破壊兵器の使用に対しても、アメリカの軍事力行使のハードルが高まり、アメリカのクレディビリティが低下することが、北朝鮮にとって有利な環境として判断され、核を含むさらなる大量破壊兵器開発に邁進するということは十分予測可能だ。

事実、二〇一三年九月十七日、日韓政府当局者とアメリカ政府が北朝鮮の黒鉛減速炉の再稼働を確認。この黒鉛減速炉の稼働で一年間に核爆弾一個分に相当するプルトニュウム生産が可能となる。さらに高性能ロケットエンジンの地上燃焼実験がなされたとの報道もあった。

北朝鮮は化学兵器をすでに開発済みで、これに核とミサイルが加わり、日本や韓国、アメリカもターゲットとして狙える存在となりつつある。今回のシリアを巡る情勢の変化で北朝鮮が大量破壊兵器を実際に使用するためのハードルは、低くなったと言えるだろう。

アメリカは尖閣諸島の件については、日米安保条約に基づいて行動すると約束してきたが、現在のオバマ政権の実情では重大局面にいたった時に決断できるかどうかわからない不安がつきまとう。日米安保条約があるとしても、それは米軍が武力を行使できる法的根拠に過ぎず、最終的に軍を動かすのは最高指揮官である大統領の命令が必要となるのだ。

アメリカ式民主主義の仕組みでは、最終決断は大統領個人に委ねられ、大統領は世界の頂点に立つ政治家としての資質が問われる。この視点からすれば、今回シリア問題でオバマ大統領が執った行動は、中国にとっては尖閣で先手を打つチャンスと見られる可能性が高いのだ。

大幅に削られる国防予算で揺らぎ始めたアジアの対米信頼感

米軍の増強を急務とする世界情勢

アメリカの非営利政治研究組織「グローバル・セキュリティー」がまとめた『軍団はどこに？　地球規模の米軍配置』（二〇〇五年三月）という調査報告書によると、当時のアメリカは世界の一三〇ヵ国に兵士を駐留させていた。その一部は戦闘や平和維持活動に従事したり、外国軍の訓練に当たっている。

アメリカは第二次世界大戦の終結以降、ドイツや日本の占領。さらには朝鮮戦争、ベトナム戦争など旧ソ連との冷戦を戦い抜くため、海外で強力な軍事力を維持し続けてきた。冷戦後はその負担から解放されると考えられたが、現実にそうはならなかったのである。

現在は国際テロ組織アルカイダやイスラム国との戦い、イラクとの戦闘とそれに続くゲリラ攻撃、リベリア内戦、アフガニスタン国内の動揺、フィリピン軍とのイスラムテロ組織掃討作戦があり、その上に不安定な朝鮮半島情勢に対応し、日本を安心させるために西太平洋に米軍の強力なプレゼンスを維持する必要がある。これらの情勢を見ると、全世界に展開している米軍を削減することは困難で、むしろ増強が当面の急務となっている。

この「グローバル・セキュリティー」の報告書を引用した公式統計によれば、二〇〇三年九月時点で、米陸軍には一五五の戦闘大隊がある。そのうち実戦に従事している大隊は二〇〇一年十月以前には一七に過ぎなかったが、二〇〇三年九月の時点では実戦配備されている戦闘大隊は九八にも上った。

この数字を維持するために、アメリカは二五万五〇〇〇人の陸・海・空・海兵隊・沿岸警備隊員に加えて、一三万六〇〇〇人の州兵と陸軍予備役まで動員し、海外での戦闘や平和維持に充てざるを得ない状況だった。さらにイラク駐留長期化によって、米軍は厳しいローテーションを強いられていた。

二〇〇三年春に、アメリカ本土で沖縄派遣のために待機していた部隊を含め、沖縄駐留海兵隊からも三個歩兵大隊がイラクに派遣された。その後、第三一海兵遠征隊二二〇〇人がイラクに派遣されたため、沖縄には米軍の地上戦闘部隊不在の状況が二〇〇五年三月下旬まで続いていたのである。

アメリカの軍事費削減で不安を増すアジア

オバマ政権では、米軍のイラク、アフガニスタンからの早期撤退政策を推進したが、撤退後の治安維持に大きな問題が残った。現在、イスラム原理主義を標榜して台頭してきたイスラム国の存在はその典型と言えよう。それに対して、オバマ政権では軍事費の大幅削減政策を推進しようとしているのだ。

アメリカは軍事費で世界一位であり、国家予算の中で軍事費は圧倒的な割合を占めている。アメリカの国防予算の枠組みを見てみると、議会に提出した「二〇一二会計年予算要求」は、六七〇九億ドルとなっており、前年度の七〇八〇億ドルから約三七〇億ドルの減額となっている。

当時のゲーツ国防長官は予算要求と同時に発表した「将来防衛計画」において、国防費を今後五年間で一七八〇億ドル削減する案を提示した。二〇一一年一月に発表された国防費削減計画でも、五年間で一五〇〇億ドル（二〇一五年一月の為替レートで約一七兆七〇〇〇億円）以上を削減可能であるとした上で、アフガニスタンへの陸軍、海兵隊の派兵人数を縮小するというものだった。

この国防予算見直しの背景には、年間一兆ドルを超える財政赤字に対する、オバマ政権の財政再建への切迫した事情があった。二〇一〇年一月には、オバマ大統領は財政再建に取り組むための諮問機関「国家財政責任・改革委員会」（以下、財政委員会）を発足させた。十一月に「財政委員会」は、一五会計年までに国防費一〇〇〇億ドル以上を削減する草案を発表した。草案の中には「海外基地の三分の一削減（八五億ドル）」「研究・開発・試験費の一〇％削減（七〇億ドル）」といった項目も含まれている。

さらにオバマ大統領は、二〇一一年四月十三日に、財政赤字を今後一二年間で四兆ドル削減することなどを盛り込んだ「財政健全化案」を提示した。当然のことだが、この健全化案の中には軍事費支出の削減も含まれている。

この以前の二〇一一年一月に、ニューヨークタイムズとCBSが行なった世論調査結果では、「赤字を減らすための軍事費削減の方法は……」という質問に対して、五五％が「欧州とアジアの米軍基地を減らす」ことを挙げ、アメリカの議会や市民社会の中では、財政削減を動機とした軍事費削減必要論が高まっている。

このように、米軍の海外駐留のあり方を見直す流れが強まっていることから、ポピュリズム（大衆迎合主義）の傾向の強い民主党のオバマ政権では、なお一層の軍事費削減へ向けての政策を推進していくこととなるだろう。

その動きを象徴する出来事があった。二〇一三年七月一日、新国務長官となったケリー氏がブルネイ入りし、ＡＳＥＡＮ外相会議に出席した。ここであらためてオバマ政権のアジア重視策を強調し、アメリカが「アジア太平洋国家」として関与し続けると述べた。だが問題はその政策の具体的な中身である。

中国の台頭と北朝鮮問題をなくしては、アメリカがアジアに軸足を移動させる理由はないはずだ。現状ではアメリカ政府は北朝鮮の攻撃的行動を押さえられていないし、中国の尖閣諸島に対する執拗な領海侵犯行為と国際法違反の行動の数々に対処する方策は何も執られていない。ＡＳＥＡＮ諸国にとっても、南シナ海における中国の軍事行動抑止が喫緊の課題である。

アジア諸国にとって、アメリカのアジア重視政策は歓迎すべきことだが、現在もっともアメリカに求めているのは具体的な軍事・防衛政策である。だがオバマ政権はアジアへの軸足移動を言いつつも軍事予算を削減し、アメリカの役割を増加する具体策をほとんど示してはいない。オーストラリアに二五〇〇人の海兵隊員を派遣すること。シンガポールに戦闘艦を一時的に入港させること。米海軍の六〇%をアジアに配備すること（ただし、その大部分はすでにアジアに配備されている）。これ以外にアメリカのアジア政策の変化を示すものは何もないのだ。

この現状から、オバマ政権のアジア政策が中国の封じ込めなのか、海洋紛争には影響を与えるが介入はしないのか（アメリカは公海の自由を主張しつつも、海洋紛争関与を避けている）、北朝鮮に対しても軍事力を背景にした強い警告を発するのか不明である。

海外で配備につく米軍兵士

アメリカがアジアの同盟諸国に安全を保証するのなら、中国と北朝鮮に対する何らかの抑止は必要であろう。しかし、現状ではオバマ政権がアジアに対してどのようなコミットメントをし、安全保障環境を作っていくのかほとんど説明がない。このままではアジア諸国の対米不信感がますます増加していくことだろう。

米軍再編と集団的自衛権行使のセットで大きく変わるアジア戦略地図

建国以来、拡張を続けてきたアメリカ

世界地図を見てみると、南北アメリカ大陸は地球の北の端にある北極海から赤道を越えて南極の海まで、地球を縦に貫いている。

確かにアメリカは大陸だが、東西を太平洋と大西洋に囲まれており、大きな島国とも見ることができる。これがアメリカの特長でもある。つまり、大陸としての性質と海洋国家としての性質を併せ持つ、世界で特異な地理的環境にあるということだ。

この南北アメリカ大陸の中での覇権国は、何といってもアメリカ合衆国である。

一七八三年のパリ講和会議で、アメリカがイギリスから独立することが正式に承認された。それ以来、アメリカ合衆国は拡大を続けてきた。

まず一八〇三年にフランスからルイジアナを手に入れ、一八一九年にはフロリダをスペインから購入した。その後、メキシコから独立したテキサスを一八四五年に併合し、一八四八年にはカリフォルニアをメキシコから割譲させた。

一八二三年には、第五代大統領ジェームズ・モンローが、いわゆる「モンロー宣言」を発表し、アメリカ大陸にヨーロッパからの影響力を排除する外交政策に出た。これはヨーロッパから孤立して、合衆国を中心とした大陸内の発展を目指す覇権主義の象徴的な事柄であった。事実キューバ、プエルトリコを次々と属領にしていったのである。

反面、太平洋にも乗り出し、ハワイ、グアム、フィリピンを自国領として、シーパワーとしてもいかんなく威力を発揮してきた。その一環として日本の浦賀《うらが》へのペリー来航となり、日本の開国の切っ掛けを作っている。このように、アメリカはあくなき拡張主義と国際警察として力を発揮してきたのである。

そのアメリカには世界中から移民が押し寄せ、さまざまな人種と文化が入り交じり、それぞれの国の利害関係が国内政治の中にも取り込まれていった。このように考えると、アメリカは建国の時からグローバルな世界観を持った唯一の国とも言えるのだ。

「不安定の弧」の安定を目指す米軍再編

そのアメリカから現実の世界を見ると、冷戦構造崩壊後の世界認識は、豊かな油田のあるアフリカ北部を「チャンスの弧」(arc of opportunity)、治安と経済が安定している欧州を「安定の弧」(arc of stability)として見立て、それぞれをアメリカの世界戦略の基盤として捉えている。

しかし、イスラエルからカスピ海を通り北朝鮮を結ぶ線と、紅海から韓国へといたる弧の間、つまり東欧から中東、インド、東アジア、特に中国、北朝鮮にかけての地域がテロの温床となり、米軍基地も少ない地帯であることから、「不安定の弧」(arc of instability)と名付け、米軍による関与の強化を明示している。

二〇〇一年には、四年に一度行なわれる米国防の見直し(QDR:Quadrennial Defense Review)がなされ、アメリカ政府は「不安定の弧」について、

①大規模な軍事衝突が起こりやすい
②力を伸ばす大国と衰退する大国が混在する
③豊富な資源を持つ軍事的な競争相手が出現する可能性がある

「不安定の弧」で利害が一致する日米両国

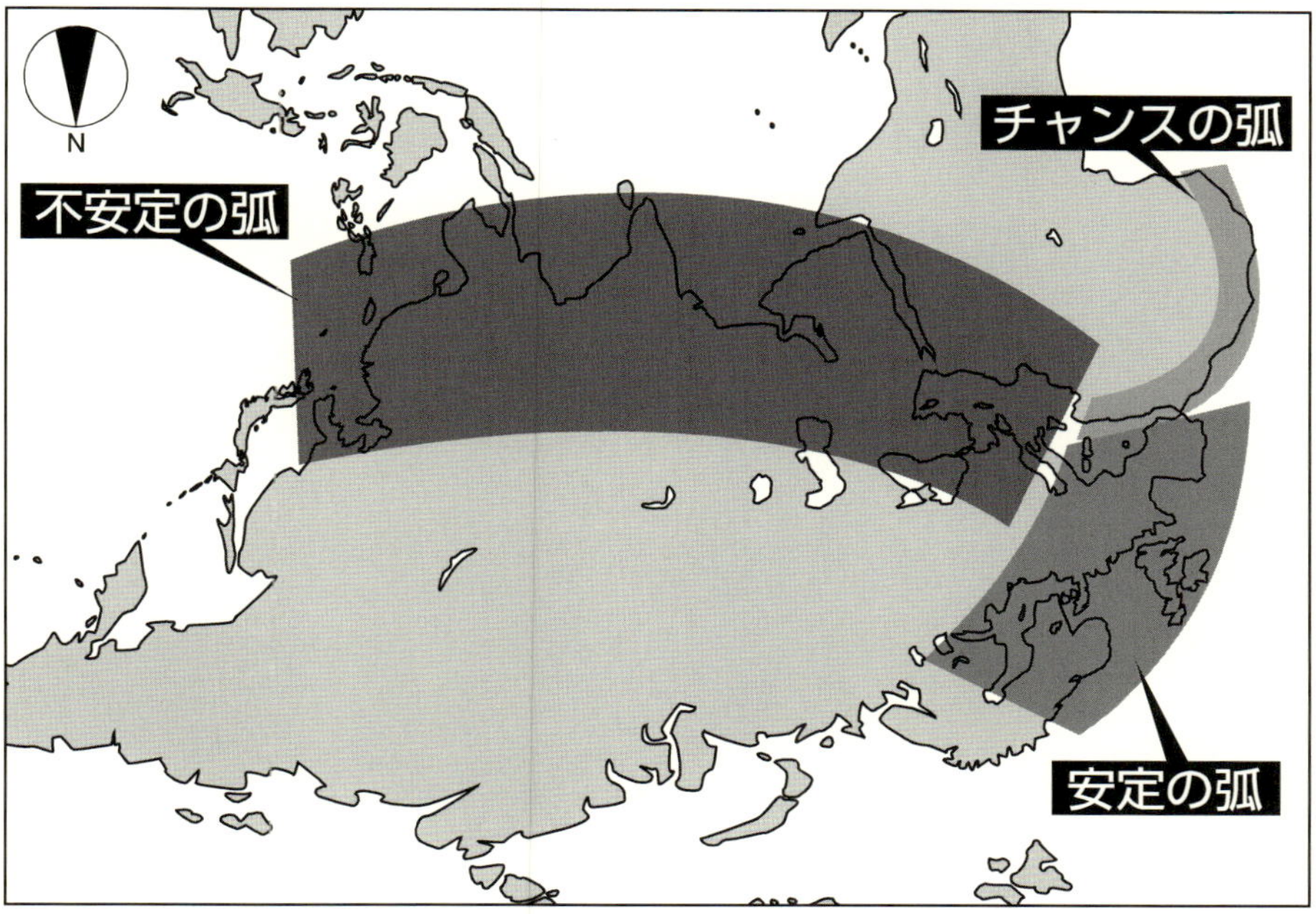

④アメリカの基地や中継施設の密度が他の地域と比べ低い地帯

大要このような見解を示している。

このような見方に立った「不安定の弧」戦略からすれば、極東における在日・在韓米軍の編成を改め、その兵力を中東までのチョークポイントである南アジアにシフトするとともに、中東あるいは石油資源の獲得の上で重要なアフリカ地域への重点化を進めることとなる。

この「不安定の弧」地帯は、アメリカの同盟国日本にとっても、経済活動における重要な通商ルートであるシーレーンがあり、日本にとっては貿易を中心とした船舶の航行上の安全および日本のエネルギー補給上においても重要地域だ。この点において日米両国は「不安定の弧」地域を安定化することで利害関係を共有する関係にある。

従って、この「不安定の弧」に見合う形で、自衛隊と米軍は共同で対処することとなった。これが冷戦後の世界に対応するための米軍再編制であり、その世界的な転換の一環として在日米軍の再編がある。

その具体的な動きとしては、米空軍がグアム島の航空戦力を強化するため、ベトナム戦争後に撤退させた爆撃機や戦闘機を再配備したことが挙げられる。それまでグアムのアンダーセン空軍基地は、給油・中継基地として使用されていたが、現在は最新鋭のF22ステルス戦闘機や戦略爆撃機などが配備された。このようなグアムの空軍基地の強化は、沖縄の米軍の将来に影響をおよぼす可能性がある重大な戦略的環境の変化となる。

当然のことながら、この在日米軍再編には日本の自衛隊の役割も大きくなる。そのキーワードとなるのが「集団的自衛権の行使」だ。

集団的自衛権は、まず第一に日米同盟の問題であり、第二に日本の安全保障の問題である。第三には東アジアおよびアジア全体の安全保障の問題へと必然的に拡大していくこととなる。

このことを前提にすれば、これまでの日本の安全保障政策が日米安保の実質的な範囲内では現状にはそぐわなくなるだろう。ましてや米軍のアジアにおける軍事プレゼンスは低下する一方であり、昨今のオバマ政権の在りようからすれば、その回復も期待できないのが実情なのである。

「積極的平和主義」で求める多国間協力

そこで出てきたのが安倍政権の「積極的平和主義」だ。安倍首相は外遊を盛んに行ない、さまざまな機会を通じて安全保障政策における協力関係を各国首脳と協議してきた。この発想を基にすれば、価値観をともにする国家群が共同で安全保障政策の実効性を高めて、平和の構築を積極的に推し進めていく、外交と防衛が一体となった安全保障政策の遂行ということになる。これは北朝鮮の核武装化、中国の目覚ましい軍拡とそれに伴って東シナ海・南シナ海での軍事プレゼンス拡大を背景とした状況の変化に対応していくものだ。

集団的自衛権を巡るさまざまな主観はあるが、それを排して国際関係の分析に基づく現実的な安全保障論として考えれば、集団的自衛権は本質的には米軍を支える日本の役割を強化することであり、沖縄の米軍基地問題も集団的自衛権の問題と深く関連しているのが

ミサイル射撃訓練をする自衛艦

見えてくる。

言い換えれば、集団的自衛権で日米同盟が強化され、一方でアジアにおける集団的安全保障網の構築で日本の安全保障上の役割が高まれば、相対的に米軍を支える日本の負担を軽減することになり、沖縄の負担軽減にも繋がってくるのである。

事実、オーストラリアは米海兵隊の駐留ローテーションを受け入れている。これには沖縄駐留の海兵隊部隊も含まれており、実質的には沖縄米軍基地負担軽減に繋がっているのである。安倍政権はオーストラリアとの安全保障対話を進めており、日本が開発した最新鋭潜水艦技術の移転も視野に入れた防衛協力交渉も進捗している。

当然のことながら、その論理の先にはオーストラリアや韓国、フィリピン、インド等との安全保障協力が必要である。これらの国との二国間協力を深めることはもとより大切なことであるが、より重要なことは多国間協力だ。

東アジアおよびアジア全体の秩序安定のために、日本が集団的自衛権行使を前提にして、オーストラリアや韓国と安全保障政策を共有・分担し具体化していけば、アメリカのプレゼンスを共同負担することが可能となってくる。

日米二国間のみであれば、日本にとっては圧倒的な存在である米軍が東アジア地域の共有材となり、日米安保条約そのものもアジア全体の共有材的存在となれば、それだけ日本がフリーハンドになる余地が拡大してくる。

この多国間協力の枠組みの中で、日本が対米協力へのバランスを取れる可能性も出てくるのだ。ここで安倍首相が言う、アメリカ主導で日本の安全保障・政治・経済全般が決定付けられる「戦後レジームからの脱却」の道筋が見えてくる。

核武装と日本——米国の対日戦略

核による脅威は「能力」と「意思」による

日本を中心に置いた世界地図を見ると、日本の核武装の問題を考える時、問題の所在がどこにあるかよくわかるはずだ。

まず日本の東側、太平洋を挟んで世界最初の核武装国アメリカがある。二〇〇九年の時点でアメリカの核弾頭数は合計で九四〇〇発。アメリカ大陸を超えてさらに東に回れば、イギリスには一八五発の核弾頭があるし、フランスも三〇〇発の核弾頭を保有している。ロシアには一万三〇〇〇発、中国には二四〇発、インドには六〇発から八〇発、パキスタンには七〇発から九〇発、一〇発以下だとされているが北朝鮮も核保有国である。イスラエルは保有の有無に答えないが、八〇発前後を保有しているのではないかといわれ、イランも核開発を計画している。

ここに挙げた八ヵ国の核保有国のうち、実に半数の四ヵ国がアジアに存在しているのがわかる。しかも中国、北朝鮮、ロシアの三ヵ国は日本周辺にあるという、恐るべき事実に気づくだろう。当然だが日本周辺の核保有国は、各国それぞれの戦略的な考えに基づいて核兵器の配備を行なっている。問題はこれらの核保有国が、日本にとって脅威なのかどうかだ。それによって日本の核武装問題の方向性が決まってくるだろう。

この種の論議で、もっとも説得力があるのが、「能力」と「意思」を検証する整合性のある論理展開だろう。例えば、日本の安全保障を考える場合、基礎となるのは、日本に対する「脅威」とは何かを考えてみることである。

この考え方の基礎となるのは、相手の能力と意思を推し量ることだ。能力だけを見た場合、日本にとって最大の脅威は、世界最強の軍事力を持つ米軍である。従って、戦略の第一優先順位はどんなことがあっても米軍とは戦わないということに尽きる。

言うまでもなく、日本はアメリカと「日米安保条約」を結び、国内に基地を置いて、米軍そのものを取り込んでいる。従って、米軍は日本に脅威となる「能力」は十分にあるが、安保条約に基づく同盟関係にあり、アメリカには日本を攻撃する「意思」がない。ゆえに、総合的な判断として、アメリカは日本にとって脅威となり得ないとなる。

逆に中国の現状は、「能力」は米軍に比べてはるかに劣ってはいるが、毎年凄まじい勢いで軍事費を増強している。その上、その透明度は極めて低く、軍拡を行なう目的も見えてこない。

中国は尖閣を巡るさまざまな軍事行動、南シナ海でのパラセル諸島、スプラトリー諸島を巡ってベトナム、フィリピンとの領有権争いなど、軍事力を背景とした拡大戦略を執っている。この間に中国は軍事的な経験を積み、能力も向上の一途である。従って近い将来には「能力」そのものが伴うようになってくるだろう。

さらには中国は、全世界に向けて反日宣伝を行ない、国内では反日教育を強化して歴史問題、自衛隊の集団的自衛権問題をも含めて、強引な日本脅威論を展開している。これらを考慮に入れれば、現在は具体的かつ明確な軍事行動は執られてはいないが、総合的判断として中国は近い将来「能力」と「意思」の観点から日本にとって脅威となり得ると判断できる。

日本はアメリカと同じ価値観を共有し、アメリカの世界戦略にとって日本の技術力や地政学的な役割は極めて重要である。そこに日米が共同する目的とメリットが存在する。

中国は中国共産党の一党独裁を維持するために、抗日戦争を戦い抜いた共産党の功績を中心に置いた国内政策を展開し、反日を政治利用することで政権の延命を図ってきた。そこが中国の対日政策の核心的部分であり、共産党政権が続く限り軍事行動も含めて反日政策を執ることが中国にとってメリットであり、目的となり得る。

北朝鮮も、建国のストーリーは中国と似たり寄ったりの抗日戦闘が基本となっており、日本敵視政策が金王朝延命の基本政策であることは言うまでもないだろう。

このように考えることは、ある行為をなすことで行為者自身にどんなメリットがあるのかを明確にしていくことにもなり、それへの対応策も含めて、安全保障や危機管理における基本中の基本とされる手続きでもある。もっとも、状況の変化によって目的やメリットも変化していく。そのことを織り込んだ論理展開が必要となってくるのは言うまでもないが、この基本に沿って見ていけば問題は自ずと明確になってくるはずだ。

希薄になったアメリカの核の傘

現在日本の核戦略は、日米安保条約によってアメリカの核の傘の中に入るという政策を執っている。つまり日本に核攻撃をかける国があれば、アメリカは自国に対する核攻撃と見なして核報復をすることになっている。

これは核政策としては現状に沿った合理的なものだと言うべきだろう。だが地図を見てみると、日本の姿はユーラシア大陸にへばりつくようにちんまりと並んでいるごくごく狭い国土でしかない。もし、日本に対して核攻撃の意図と意思を持った核保有国が日本を攻撃するなら、三発ないし五発もあれば十分だろう。

日本が核の攻撃を受けた時、アメリカが敵国に報復の核攻撃をしたとしても、その時には日本国はすでに消滅してしまっている可能性が極めて高い。従ってアメリカの核の傘は、実効性を持たない砂上の楼閣とならないかという不安感を覚えるのも自然だろう。

さらに言えば、一九九一年以降、アメリカはアジア地域に展開していた陸上配備の核兵器を完全に撤去する方針を立て、それ以降にはアジアに配備していた核兵器の量を七五％削減している。

その中で、狭い国土の日本にとって、核攻撃をさせないために重要なトマホーク巡航ミサイルなど、核攻撃抑止目的の目玉とされていたいくつかの兵器も二〇一〇年に撤去されている。アメリカでは新たに核弾頭を製造することをやめており、このことが北朝鮮などを核兵器開発に走らせたとの分析もある。

在日米軍の配備

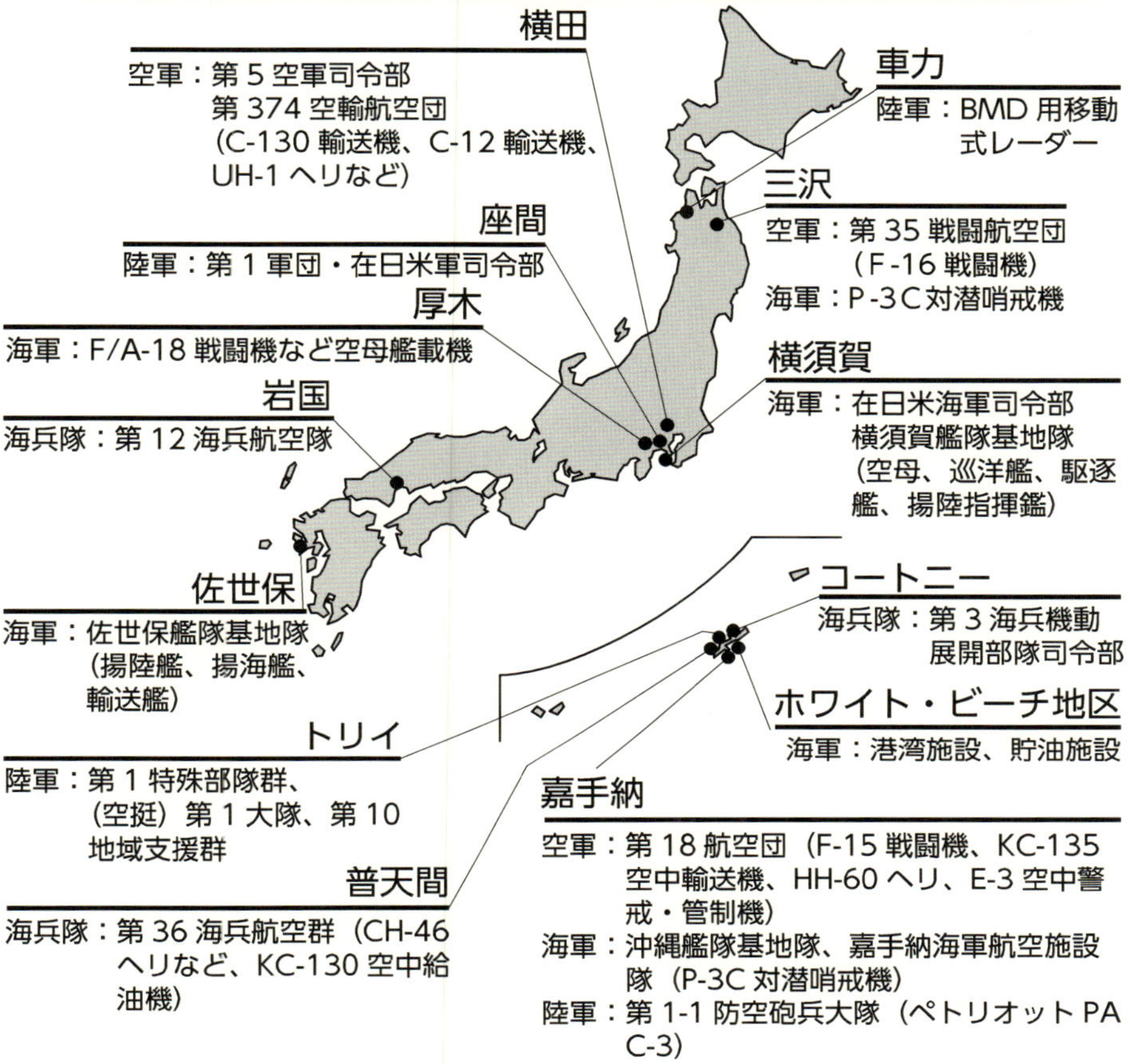

このような状況の中で、日本の現状は核兵器を持たない国としては、最大かつ完結した核燃料サイクルを確立。すでに核弾頭一〇〇〇発分のプルトニウムを保有しているのだ。

日本が核兵器の保有を決断した場合、製造までかかる時間は半年から十年以上とまちまちに推定されているが、核兵器開発能力があることは間違いないだろう。

ミサイル技術にいたっては、さまざまな宇宙開発を自前のロケットで実施している実績がある。兵器としてのロケット技術の開発にもさほど時間を要しないだろう。

アメリカは日本を押さえ付けて常に優位を保とうとしており、対日戦略上は日本独自の核武装は望んでいない。だがトマホーク巡航ミサイルの引き上げなどに象徴される核の傘の希薄化が進む中で、日本を含めアジアの中のアメリカ同盟国の不安はますます大きくなるのも事実である。

このような状況では、日本の選択肢としては別の傘の持ち主を探すか、中国になびくか、現実に目をつぶって核兵器の存在を無視するか、あるいはいつでも核兵器を持ち得ることをちらつかせて、そうしてほしくないアメリカに現状に沿った強力な核の傘を差し掛けさせるという方法が考えられる。

唯一の核被爆国として、現状の中で日本が採り得る選択肢として、当面は最後のやり方を続けることではないだろうか。

おわりに

世界の中で主権国は、二十世紀に入った時には十数ヵ国。第二次世界大戦の終結直後の一九四五年には三十数ヵ国しか存在していなかった。二十一世紀が始まった時に、日本国が承認した国家は一九四ヵ国。検定教科書や「データブック オブ・ザ・ワールド」では、これらに北朝鮮と日本自身を加えた一九六ヵ国を独立国の数としている。地図の上ではこの一〇〇年間で国境線の数が一挙に増えたわけだ。

第二次世界大戦後、国の数は増加の一途をたどった。その中にはソビエトやユーゴスラビアのように、連邦が解体して複数の国家に分裂した場合もあるが、大半はヨーロッパ各国やアメリカの植民地が独立して新生国家となったものである。

本書を書き終えて改めて感じるのは、人間の歴史と世界地図を重ね合わせて俯瞰してみると、時間を追うごとにさまざまに変化していることであり、はるか遠くの地域で起こったことが、時には永い時間を経て思わぬ形で出てくることもあるということである。

例えば五〇〇年前、イベリア半島を席巻したイスラム教徒を追い出したスペインやポルトガルが、その余勢を駆って海外に飛躍し「大航海時代」という侵略と略奪の世界を作り、海外に進出したヨーロッパ人はアジアやアフリカ、南北アメリカで広大な植民地を支配した。その当時の地図を見れば、世界はヨーロッパ数カ国の色で区分けできてしまうものであった。これが、時間が経つとさらに統合や分裂を繰り返し、まったく新しい形になってくる。まるで細胞分裂を繰り返しながら次第に形を整える生物の進化を思わせるのだ。

近年ではその統合と分裂は加速し、年々地図の国境が書き替えられている。アフリカではスーダンが分裂し南スーダンが誕生した。中東ではイスラム国に対して激しく攻撃するクルド人が、イスラム国を駆逐した後に新しい国家を作るという見方もあるのだ。

このように、国家が誕生する過程にはさまざまなストーリーがあり、本書がいま目の前で起こっている、日本と世界の出来事の地理的連関性と歴史を繋ぎ合わせて、現在を俯瞰的に理解する手助けとなれば幸いである。

本書を執筆するにあたり、有限会社マジカルネットワーク社が配信する「石油ネット」に記事を連載していたことが大きく役立った。

二〇一五年五月

国士舘大学政経学部政治学科講師　松本利秋

【参考文献】

中名生正昭著『アジア史の真実』（南雲堂）／岡崎久彦著『戦略的思考とは何か』（中央公論社）／岡倉徹志著『イスラム急進派』（岩波書店）／永田実著『マーシャル・プラン』（中央公論社）／小谷賢著　『イギリスの情報外交』（ＰＨＰ研究所）／石井貫太郎著『国際関係論のフロンティア』（ミネルヴァ書房）／猪口邦子著『戦争と平和　現代政治学叢書17』（東京大学出版会）／豊崎博光著『核よ驕るなかれ』（講談社）／デイヴィッド・ハルバースタム著　山田耕介　山田侑平訳『ザ・コールデスト・ウインター　朝鮮戦争上・下』（文藝春秋）　／永井陽之助著『現代と戦略』（文藝春秋）／スレイマン・ムーサ著　牟田口義郎　定森大治訳『アラブが見たアラビアのロレンス』（リブロポート）／ナヤン・チャンダ著　友田錫　滝上広水訳『ブラザー・エネミー』（めこん）／塩川伸明著『民族とネイション』（岩波書店）／東京大学東洋文化研究所編『アジアを知れば世界が見える』（小学館）／ジョセフ・フランケル著　河合秀和訳『国益』（福村出版）

Robert S.McNamara,James Blight,Robert K.Brigham,Thomas J.,Biersteker,Herbert Y.Schandler, Argument Without End (PublicAffairs,New York 2000)

Anatoly Torkunov, The war in Korea 1950-1953 (ICF Tokyo 2000)

Donald E. Nuechterlein. United States National Interests in a Changing World (The University Press of Kentucky,Kentucky 1973)

CELIB,Leslie H Gelb.The Irony of Vietnam (The Brookings Institution, Washington,D.C.)

Karnow,Stanley.Vietnam:A History (Viking Press, New York 1983)

Russel= H.Fifield. The Diplomacy of Southeast Asia:1945-1958 (Harper and Brothers, New York 1958)

Aung San Suu Kyi. Freedom from Fear (Penguin Books, New York 1991)

John Foster Dulles. War or Peace (The Macmillan Company, New York 1950)

著者略歴

松本利秋（まつもと・としあき）

1947年高知県安芸郡生まれ。1971年明治大学政治経済学部政治学科卒業。国士舘大学大学院政治学研究科修士課程修了、政治学修士、国士舘大学政経学部政治学科講師。ジャーナリストとしてアメリカ、アフガニスタン、パキスタン、エジプト、カンボジア、ラオス、北方領土などの紛争地帯を取材。TV、新聞、雑誌のコメンテイター、各種企業、省庁などで講演。著書に『戦争民営化』（祥伝社）、『国際テロファイル』（かや書房）、『「極東危機」の最前線』（廣済堂出版）、『軍事同盟・日米安保条約』（クレスト社）、『熱風アジア戦機の最前線』（司書房）など多数。

【大活字版】

「逆《さか》さ地図《ちず》」で読《よみ》み解《と》く世界《せかい》情勢《じょうせい》の本質《ほんしつ》

2018年12月15日　初版第1刷発行

著　者：松本利秋《まつもととしあき》

発行者：小川 淳
発行所：SBクリエイティブ株式会社
〒106-0032　東京都港区六本木 2-4-5
電話：03-5549-1201（営業部）

装　幀：ブックウォール
組　版：有限会社フレッシュ・アップ・スタジオ
地図作製：グループ・イストゥワールF2
印刷・製本：大日本印刷株式会社

本書は以下の書籍の同一内容、大活字版です
SB新書「「逆さ地図」で読み解く世界情勢の本質」

ISBN 978-4-7973-9961-5